귓가에 금작화 나풀거리고

명대여성작가총서

발간에 부쳐…

2008년 9월 설립된 이화여자대학교 중국문화연구소는 기존 어문학 중심의 연구에서 벗어나, 세부적인 학문 영역에 국한되지 않는 포괄적이고 심도 있는 전문 중국학 연구의 구심점이 되기 위해 노력하고 있습니다. 폭넓은 시야와 안목을 가진 전문 인력을 확보하고 다양한 정보를 공유함으로써 새로운 방법론을 창안할 연구 공간으로의 역할을 모색하고 있습니다. 특히 지역학 및 지역문화 연구, 여성문학 연구, 학제 간 연구를 중심으로 한 차별화된 전략을 통해 학문적 국제경쟁력을 강화하고 있습니다. 또한 급변하는 동아시아 및 국제사회에 적극적으로 대처하기 위해 실용성을 추구하면서 한중양국의 문화 창달에 기여하고 있습니다.

2009년 7월부터 본 연구소 산하 '중국 여성 문화·문학 연구실'에서는 '명대 여성작가 작품 집성—해제, 주석 및 DB 구축'이라는 프로젝트를 수행하게 되었습니다(한국연구재단 2009년 기초연구과제 지원사업, KRF—2009—322—A00093).

곧 명대 여성문학 전 작품을 대상으로 자료를 수집하여 주석, 해제
하고 이에 대한 데이터베이스 구축을 위해 방대한 분량의 원문을 입력
하는 작업으로, 이미 상당 부분 진행되었습니다. 정리 작업을 진행하
면서 중요 작가를 중심으로 작품의 성취가 높은 것을 선별해 일반 독
자에게 알리기 위해 연구총서의 일환으로 이를 번역, 출판하게 되었습
니다.

이와 같은 연구 성과는 한국·중국 고전문학 내지는 여성문학 연구
의 중요한 토대를 마련할 뿐 아니라, 동서양의 수많은 여성문학 연구
가들에게 편의를 제공하게 될 것입니다.

이화여자대학교 중국문화연구소
소장 이 종 진

출판 서

　이화여자대학교 중국문화연구소는 한국연구재단의 지원 하에 「명대(明代) 여성작가(女性作家) 작품 집성(集成)—해제, 주석 및 DB 구축」이라는 과제를 수행하고 있습니다.

　2009년 7월부터 시작된 본 과제는 명대 여성들이 지은 시(詩), 사(詞), 산곡(散曲), 산문(散文), 희곡(戱曲), 탄사(彈詞) 등의 원문을 수집 정리하여 DB로 구축하고 주석 해제하는 사업으로 3년에 걸쳐 진행됩니다. 연구원들은 각자의 전공에 따라 자료를 수집 정리해 장르별로 종합한 뒤 작품을 강독하면서 주석하고 해제하고 있습니다. 이런 과정에서 우수 작가와 작품을 선별하여 출간하는 것이 본 사업의 의의를 확대할 수 있다고 판단되어 연차별로 4~5권씩 번역 출간하는 계획을 수립하였습니다.

　본 과제를 수행하는 데는 적지 않은 어려움이 따랐습니다. 첫째는 원 자료 수집의 어려움이었습니다. 북경, 상해, 남경의 도서관을 찾아다니면서 대여조차 힘든 귀중본을 베끼고, 복사하거나 촬영하는 수고로움을 마다하지 않았습니다.

　둘째는 작품 주해와 번역의 어려움이었습니다. 전통시기의 여성 작가이기에 생애와 경력이 거의 알려지지 않은 경우가 대부분이어서 작품 배경을 살피기가 용이하지 않았습니다. 따라서 주해나 작품 해석에서 부딪치는 문제가 적지 않아 이를 해결하는 데 많은 수고가 따랐습니다.

　셋째는 작가와 작품 선별의 어려움이었습니다. 명청대 여성 작가에 대한 자료의 수집, 정리는 중국에서도 이제 막 시작된 분야이기 때문에 연구의 축적 자체가 적은 편입니다. 게다가 중국 학계에서는 그나마 발굴된 여성 작가 가운데 명대(明代)에 대한 우국충정(憂國衷情)이 강한 작가를 높이 평가하고 있습니다. 그러나 작품의 가치를 평가할 때 우국충정만이 잣대가 될 수는 없을 것입니다. 연구원들은 기존 연구가 전무하거나 편협한 상황 하에서 수집된 자료 가운데 더욱 의미 있는 작품을 고르기 위해 작품을 다각적으로 분석하고 여러 번 통독하는 수고를 감내했습니다.

우리 5명의 연구원과 박사급 연구원은 본 과제를 수행하기 위해 끝이 보이지 않는 수고를 감내하였습니다. 매주 과도하게 할당된 과제를 성실히 수행했을 뿐만 아니라 출간 계획이 세워진 다음에는 매주 두세 차례 만나 번역과 해제를 면밀히 검토하였습니다. 출간에 즈음하여 필사본의 이체자(異體字) 및 오자(誤字) 문제의 자문에 응해주신 중국운문학회회장(中國韻文學會會長), 남경사대(南京師大) 종진진(鐘振振)교수에게 감사드리며 아울러 매번 어려움에 봉착할 때마다 번역에 의견을 제시해 주신 최일의, 강성위 두 선생에게 심심한 감사를 전합니다. 본 작품집의 출간을 통해 이제껏 학계에서 간과되어 온 명대 여성작가와 작품들이 널리 알려져 명대문학이 새롭게 조명됨은 물론 명대 여성문학에 대한 평가가 새로워지길 바랍니다. 아울러 한중여성문학의 비교연구가 활발하게 시작되는 계기가 마련되길 기대합니다.

끝으로 본 기획의 가치를 높이 평가하고 쉽지 않은 출간에 선뜻 응해 준 '도서출판 사람들'에 깊은 감사를 표합니다.

2013년 10월

이화여자대학교 중국문화연구소
소장 이 종 진

역자서문

　남성이 주류가 되는 전통 사회에서 여성의 재능은 불필요하거나 위험한 것으로 간주되었다. 여성은 사랑받는 존재이지만 결코 남성과 동등한 인격을 가질 수는 없었다. 재주가 없는 것이 미덕이라는 '무재시덕(無才是德)'이나 향과 옥처럼 여성을 사랑하고 소중히 여긴다는 '연향석옥(憐香惜玉)'과 같은 말에는 여성들에게 가해진 차별과 그 안에서 소리 없이 숨죽여 살면서 느꼈을 회한 같은 것이 떠올려진다.

　그러나 명말 청초에 이르면서 여성에 대한 인식은 획기적인 전환을 맞게 된다. 강남을 중심으로 출판업이 번성하였고 지식층을 중심으로 많은 여성들이 교육을 받게 되었다. 전통적으로 여성은 미모와 덕성이 중시되었지만, 이제 여성들을 평가하는데 있어서 글을 읽고 쓸 수 있는 재능 또한 빠뜨릴 수 없는 중요한 요소가 되었다. 비로소 여성이 재능으로 평가되기 시작한 것이다. 당시 소설과 희곡에서는 남편 못지 않은 재주를 지닌 여성이 등장하면서 남편과 지적인 대화를 나누는 모습이 빈번하게 출현했다. 이는 당연히 당시 사람들의 소망을 반영한 것이며 실제 현실에서도 서로 이야기 상대가 될 수 있는 동반자적 관계의 결혼이 나타나게 되었다. 이 책의 주인공, 명대 여성시인 서원(徐媛, 1560-1619)은 이러한 당시 분위기를 대표할 수 있는 인물이다.

　서원은 소주(蘇州)사람으로 태복(太僕) 서태시(徐泰時)의 딸이며, 범윤림(范允臨)의 아내이다. 저서로 『낙위음(絡緯吟)』 12권을 남겼는데 그 가운데 487수의 시가 전한다. 남편 범윤림은 북송의 정치가이자 저명한 문인 범중엄(范仲淹, 989-1052)의 17세손이다. 만력(萬曆) 23년(1595)에 진사가 되어 남경병부주사(南京兵部主事)와 공부원외랑(工部員外郎) 등을 역임했고, 얼마 뒤에 운남추학첨사(雲南推學僉使)가 되었다. 후에 벼슬을 그만두고 고향으로 돌아와 소주의 천평산(天平山)에 집을 짓고 온가족이 옮겨와 살았다. 서화에 뛰어나 명대의 저명한 서화가였던 동기창(董其昌, 1555—1636)과 이름을 나란히 했으며, 당시 범윤림과 서원 부부가 살았던 천평산장(天平山莊)은 문화계의 중요한 모임장소가 되었다. 현재 소주 교외에 있는 천평산장은 국가공원으로 보존되고 있다.

이러한 배경에서 서원의 학식과 문학 창작 능력은 남편과의 관계에 있어서 일상생활은 물론 관리로서 공무를 수행할 때에도 도움을 줄 수 있는 중요한 역할을 했던 것으로 보인다. 서원은 남편 범윤림이 관직을 옮길 때마다 따라다녔고, 멀리 임지인 운남까지 남편과 함께 가서 생활하기도 하였다. 부인은 생활의 중심이 바뀐 남편을 내조하여 집안의 대소사를 처리했을 뿐더러, 낯선 곳에서 처음 만나게 되는 사람들과 교류하는 데 있어서도 적절한 역할을 했던 것으로 보인다. 『낙위음』을 통해 우리는 그녀가 정든 곳을 떠나거나 새로운 곳으로 이동할 때 한 집안의 안주인으로서 남편이 마음을 가다듬고 새로운 곳에 적응할 수 있도록 돕는 역할을 수행했음을 알 수 있다.

본 시집은 서원의 시 총 487수 가운데 칠언절구(七言絶句) 285수를 완역한 것이다. 서원의 시 전체에 대한 완역은 아니지만 부분적이나마 칠언절구에 대한 완역을 통하여 독자들에게 보다 원 모습 그대로의 명대 여성시집의 실상을 보여줄 수 있으리라 기대한다. 칠언절구를 선택하여 번역한 것은 이러한 작품이 서원의 전체 시 가운데 절반 이상으로, 여러 시 가운데에서도 가장 많은 수를 차지하고 있으며 서원의 개성이 잘 드러나 있기 때문이다. 또한 작품을 통해 그녀의 이동 경로를 비교적 잘 추출할 수 있어 보다 생생하게 시인의 모습을 전달할 수 있을 것으로 생각된다. 285수의 시를 한 권에 담기에는 분량이 많아서 본 역주에서는 이를 1, 2권으로 나누어 두 권에 담았다. 나누는 기점은 시인의 인생에서 중요한 전환점이 되는 '운남행'을 기준으로 하였다. 이에 제 1권에서는 제1수 〈초계로 가며 읊어 2수(行苕溪卽事二首)〉에서부터 제144수 〈명비사 2수(明妃詞二首)〉까지를, 제 2권에서는 제145수 〈금릉에서 숙모를 이별하며 3수(金陵留別叔母三首)〉에서 마지막 제285수 〈반첩여(班婕妤)〉까지 담았다.

서원 시집은 역자들이 3년간 참여하였던 한국연구재단의 연구과제 〈明代 女性作家 작품 집성 - 해제, 주석 및 DB 구축〉의 일환으로 기획되었으며, 동일 과제의 기획물로서 이 시집에 앞서 내놓은 성과물인

『이인시선(李因詩選)』, 『산문선(散文選)』, 『심의수시선(沈宜修詩選)』에 이어 네 번째 책이 된다. 명대 여성 문인은 물론 명대 전반에 대해서도 별반 아는 것이 없는 상태에서 출발한 연구원들은 시간이 지날수록 명대 사회와 여성 문인 속으로 깊이 빠져들게 되었다. 처음에는 모르던 분야를 새롭게 알아가는 즐거움이 더욱 컸다면, 이제는 일견 산뜻하게만 보이는 작품의 내면에 깔린 그녀들의 복잡한 심리를 이해하게 되면서 명말 여성의 목소리를 통해서 사회와 성별, 전통과 현대에 대해서도 되돌아보게 되었다.

역자들을 포함하여 본 연구과제에 참여하였던 연구원들은 오랫동안 각자 서로 자신의 길을 걷느라 학문적으로 그다지 소통할 기회가 없었다. 그러나 시(詩), 사(詞), 산문(散文), 희곡(戱曲) 등 다양한 장르에서 모두 여성문학이라는 공통의 주제를 중심으로 수천 편의 작품을 읽고 정리하면서 연구원들 사이에도 공감의 장(場)이 형성되었던 것 같다. 하나하나 작품을 해독해 나가던 3년이라는 힘겨운 시간을 통해 우리들은 서로의 연구 분야를 좀 더 잘 이해할 수 있었고 교류와 소통으로 연구의 지평을 넓힐 수 있는 소중한 계기가 되었다. 지금은 이미 예정된 연구기간이 끝나고 그 간의 연구 성과를 책으로 만드는 작업만 하고 있지만 돌이켜보면 지난 3년은 아름다운 시간이었다. 이렇게 책이 나올 수 있도록 물심양면으로 지도해주신 청음(淸音) 이종진 선생님을 비롯하여 함께 동고동락하였던 김지선, 강경희, 김수희, 정민경, 이은정 연구원께 깊은 감사를 드린다. 그리고 수정 작업이 길어지면서 해석이 난관에 부딪혔을 때 뜻밖의 도움을 주신 서성 선생님께 이 자리를 빌려 감사드린다. 또한 어려운 상황에도 불구하고 출판을 맡아주신 '도서출판 사람들'의 편집진 여러분께도 깊은 감사를 드린다. 끝으로 언제나 지지를 아끼지 않는 가족에게도 미안함과 고마움을 표한다.

2013. 10. 14.
역자 김의정, 최일의 씀

차 례

....

일러두기

본 시집은 사고미수서집간(四庫未收書輯刊) 판본을 사용하였다. 다만 〈채련곡 십이수(採蓮曲十二首)〉의 제 12수가 빠져 있어 이 부분에서만 만력 43년 간행본(萬曆四十三年刻本)을 따랐다.

(明)徐媛, 『絡緯吟』, 四庫未收書輯刊. 第16冊, 四庫未收書輯刊編纂委員會編, 北京出版社, 1997.
(明)徐媛, 『范夫人詩集』 明, 萬曆四十三年刻本

귓가에 금작화 나풀거리고

金陵留別叔母三首 其一

幾經花暖上皇州¹⁾, 今日心旌²⁾不繫舟³⁾.
明月停驂重回首, 空城潮冷白門⁴⁾秋.

금릉에서 숙모를 이별하며 3수, 제1수

몇 번이나 꽃피는 시절에 북경에 올랐던가?
오늘 어지러운 마음은 매이지 않은 배와 같네
밝은 달 아래 말 멈추고 다시 머리를 돌리니
텅 빈 성에 파도 차가운 남경의 가을

---

1) 皇州(황주) : 수도.
2) 心旌(심정) : 불안정한 마음. 정신상태.
3) 不繫舟(불계주) : 어디에도 매이지 않는 상태를 말함. 《장자·열어구(莊子·列御寇)》에 나온다.
4) 白門(백문) : 고대 남경성의 별칭. 육조시대 건강(建康)의 남문인 선양문(宣陽門)을 '백문'이라고도 하였으므로 이렇게 불림.

金陵留別叔母三首 其二

白門烟樹隱征車, 露冷秋江夜色虛.
此去雲山斷天末, 願從過鴈覓音書.

금릉에서 숙모를 이별하며 3수, 제2수

남경의 안개 낀 숲에 이별의 수레 숨어있고
이슬 차가운 가을 강, 밤 풍경이 공허하다
이번에 떠나가면 구름 낀 산 하늘 끝으로 멀어지니
바라건대 지나는 기러기에게서 소식을 들어보오!

金陵留別叔母三首 其三

音書迢遞5)已知難, 別鶴悠悠幾日還.
信道6)百年終作客, 傷心此際限重山.

금릉에서 숙모를 이별하며 3수, 제3수

아득히 멀어 소식이 오기 어려운 줄 이미 알았지만
떠난 학은 유유히 날아 언제나 돌아올까?
백년 인생 끝내 나그네 된다는 말 틀리지 않았으니
마음 아픈 이 때 첩첩산중에 막혀있네

【해제】 금릉을 떠나며 숙모님께 드리는 시로 연작시 3수로 되어있다. 제 1수는
'매이지 않은 배'와 '말머리를 돌리다'와 같은 표현으로 애틋한 감정을 드러냈고,
제 2수는 남겨진 숙모를 염려하는 마음을 표현했으며, 제 3수는 아직 헤어지기
전에 이미 헤어지고 난 뒤에 그리워하게 되는 상황을 시로 표현했다. 이때 서원
은 남편을 따라 운남(雲南)으로 갈 예정이었으므로 먼 길을 앞둔 심정이 비교적
무겁고 진지했던 듯하다.

---

5) 迢遞(초체) : 멀다. 아득하다.
6) 信道(신도) : 과연 그렇다.

留別金陵官舍九首 其一

主人家住石城[7]灣, 翠柳絲絲池水間.
數載依君托行李[8], 裝輕五兩[9]逐刀環[10].

금릉의 관사를 이별하며 9수, 제1수

주인집은 남경 물굽이에 있고
연못 사이 푸른 버들 축축 늘어졌네
몇 년 동안 그대에게 이 몸을 맡겼는데
가볍게 차려 입고 고향으로 돌아가네

7) 石城(석성): 남경을 가리킴.
8) 行李(행리) : 떠돌이. 여정. 짐. 여기서는 떠돌아다니는 자신을 말한 것으로 보았다.
9) 裝輕五兩(장경오량) : 다섯 냥 무게의 아주 가벼운 옷차림.
10) 刀環(도환) : '돌아온다'는 의미의 은어.

留別金陵官舍九首 其二

刀環飛鏡[11]轉天邊, 遠客歸心忽黯然.
笑指秣陵[12]江上月, 何年擧酒共嬋娟[13].

금릉의 관사를 이별하며 9수, 제2수

돌아가는 길에 달은 하늘가를 떠도는데
먼 곳의 나그네 돌아가고픈 마음 문득 아득해졌네
웃으며 남경 강 위의 달을 가리키지만
언제 술잔 들어 밝은 달을 함께 하려나?

11) 飛鏡(비경) : 명월.
12) 秣陵(말릉) : 진한시기 남경의 명칭.
13) 嬋娟(선연) : 아름다운 자태. 미녀. 밝은 달.

留別金陵官舍九首 其三

嬋娟桂滿[14]影珊珊，月到中庭人自還.
南北萍踪[15]似飛燕，一番岐路又重扳.

금릉의 관사를 이별하며 9수, 제3수

밝은 달 둥글어져 그림자 아련한데
달이 뜰 복판에 이르면 사람은 절로 돌아온다지
남북으로 정처 없이 나는 제비처럼 떠돌아
한바탕 갈림길에서 또 다시 되돌아가네

14) 桂滿(계만): 계수나무(桂)는 고전 시사(詩詞)에서 달을 말하고 계만(桂滿)은 보름달
  을 의미한다.
15) 萍踪(평종) : 부평초와 같은 종적. 정처 없음을 비유.

留別金陵官舍九首 其四

重扳岐路向層霄¹⁶⁾, 萬里滇南¹⁷⁾驛騎驕.
花爛長干¹⁸⁾人去後, 雪廻庾嶺¹⁹⁾夢空搖.

금릉의 관사를 이별하며 9수, 제4수

갈림길에서 되돌아 먼 하늘가를 향하니
만리 밖 운남으로 가는 역마는 씩씩하다
사람 떠난 뒤에 장간리의 꽃은 흐드러지겠지만
눈 날리는 대유령은 꿈속에 부질없이 아득하리라!

16) 層霄(층소) : 높은 하늘. 구름.
17) 滇南(전남) : 운남성.
18) 長干(장간) : 현재 남경시 남쪽에 있던 고대의 마을 이름. 남경.
19) 庾嶺(유령) : 대유령(大庾嶺). 강서성 대유현 남쪽에 있다. 매화가 많아 '매령(梅嶺)'
    이라고도 한다.

留別金陵官舍九首 其五

空搖魂夢憶悤悤[20], 此別應知自不同.
望斷綠楊枝上月, 臨風回首灞陵[21]東.

금릉의 관사를 이별하며 9수, 제5수

부질없이 아득한 꿈속의 혼백은 추억 속에 스쳐가고
이번 이별은 전과 다른 걸 스스로 알리라
푸른 버들가지에 걸린 달 하염없이 바라보며
바람결에 파릉 동쪽으로 머리를 돌린다

20) 悤悤(총총) : 총총(匆匆). 매우 급하다. 시간이 빨리 지나가다.
21) 灞陵(파릉) : 한문제의 능으로, 파하(灞河)의 근처 서안시 동쪽 교외 백록원(白鹿原) 동북에 있다. 장안에서 서쪽으로 떠나는 사람들에게 이별의 장소였으며, '파릉의 동쪽'은 상징적으로 고향이라는 의미가 있다. 이 시에서도 상징적 의미로 쓰였다.

留別金陵官舍九首 其六

灞陵東去卽陽關[22], 一曲驪歌[23]玉樹[24]殘.
竟日乘流泛烟水, 盧家有女[25]倚欄杆.

금릉의 관사를 이별하며 9수, 제6수

파릉의 동쪽을 떠나면 바로 양관이려니
한 곡조 이별의 노래에 아름다운 나무 시들어가네
온종일 물길을 따라 안개 낀 강물에 배를 띄우니
노씨 집 여인은 난간에 기대어 있네

---

22) 陽關(양관) : 비단길 남로를 지나려면 반드시 지나는 관문으로 감숙성 돈황시 서남
   고동탄(古董灘) 부근에 있으며, 서한시대에 설치되었고 옥문관의 남쪽에 있어 '양
   관'이라 하였다. 남경에서 운남으로 가는 길은 북쪽의 양관과는 상관이 없다. 따라
   서 이 시의 양관은 포괄적으로 이역을 향하는 '관문'을 지칭하는 것으로 보인다.
23) 驪歌(여가) : 이별을 고하는 노래.
24) 玉樹(옥수) : 보석으로 만든 나무. 느티나무. 아름다운 나무.
25) 盧家有女(노가유녀) : 막수(莫愁). 고악부에 나오는 여인으로 석성(石城) 사람으로
   노래를 잘했다고 한다. 일설에는 낙양 사람으로 15세에 노씨 집에 시집갔다고 한
   다. 석성은 남경을 지칭하며, 이곳에는 지금도 막수호(莫愁湖)가 있다. 남조 양 소
   연(蕭衍)이 지은 <하중지수가(河中之水歌)>에 '노가유녀(盧家有女)'라는 구절이 있
   다.

留別金陵官舍九首 其七

欄杆曲曲酒旗閑, 烟樹秦淮[26]落照銜.
莫向王家問桃葉[27], 歸心今日逐征帆.

금릉의 관사를 이별하며 9수, 제7수

난간은 구비 구비, 술집의 깃발은 한가로운데
안개 낀 진회하의 나무는 석양을 머금었네
왕씨에게 도엽도를 묻지 마오!
돌아가고픈 내 마음 오늘 떠가는 배를 따라가리니

26) 秦淮(진회) : 진회하. 남경을 흐르는 강물.
27) 桃葉(도엽) : 도엽도(桃葉渡). 남경의 진회하(秦淮河)에 있었던 고대의 나루. 전하는
    바에 따르면 동진의 서예가 왕헌지(王獻之)에게 애첩 도엽(桃葉)이 있었는데 진회
    하를 건널 때마다 직접 배웅하며 노래를 불러, 후에 '도엽'이라는 나루이름이 붙었
    다고 한다.

留別金陵官舍九首 其八

征帆高掛曲江頭, 九月黃花滿帝州28).
從此天涯任爲客, 衡陽29)驅雁數行秋.

금릉의 관사를 이별하며 9수, 제8수

떠가는 배 저 멀리 강굽이에 걸렸는데
구월에 국화는 장안에 가득하네
이제부터 하늘가에 멋대로 나그네 되리니
형양으로 기러기 몇 줄기 날아가는 가을

28) 帝州(제주) : 수도. 장안. 여기서는 남경(南京)을 지칭함.
29) 衡陽(형양) : 호남성의 남악(南嶽) 형산(衡山) 남쪽에 있는 도시. 이곳에 남쪽으로
   날던 기러기가 다시 북상한다는 회안봉(回雁峰)이 있다.

留別金陵官舍九首 其九

數行秋鴈下衡陽, 應寄離人歸思長.
好向碧雞 30)關外 31)發, 莫敎風雨殢瀟湘 32).

금릉의 관사를 이별하며 9수, 제9수

몇 줄기 가을 기러기 형양에 내려앉으니
이별한 사람의 돌아가고픈 깊은 시름을 부쳐야하리
마침 벽계산 관문 밖으로 출발하기 좋으니
비바람 소수 상수에 몰아치지 않게 하오!

【해제】 남경을 떠나 먼 운남으로 가게 되어 쓴 시로 연작시 9수로 되어 있다.
시 한수마다 끝 2구가 다음 시의 첫 2구로 이어져 연주체(聯珠體)의 형식을 구성
하고 있으며, 이 때문에 더욱 발길이 떨어지지 않는 듯한 느낌을 전달한다. 앞의
몇 작품과 달리 이 연작시에는 구체적으로 헤어지는 대상이 등장하지 않는다.
기약 없는 이별을 앞두고 여러 가지 감회에 빠져 지은 것으로 보인다. 제 1,
2, 3수는 헤어지기도 전에 벌써 그리워지는 심경을 달빛을 통해 드러냈다. 제
4수는 운남(雲南)과 대유령(大庾嶺) 등의 지명을 통해 공간감을 확보하였다. 제
5수는 먼 길을 가는 무거운 심정이 부각되어 있으며, 제 6, 7, 8수는 막수호(莫愁
湖)와 도엽도(桃葉渡)와 같은 전고를 통해 유서 깊은 남경과 헤어지는 것에 대한
미련을 드러냈다. 제 9수는 출발을 앞두고 벌써 그리워지는 심정을 보여주고 있
으며, 목적지인 '벽계'를 거론하여 시에 입체감을 주고 있다.

30) 碧鷄(벽계) : 전설의 신령스러운 새. 운남성 곤명시(昆明市) 서쪽에 있는 산.
31) 關外(관외) : 함곡관(函谷關)이나 동관(潼關) 이동 지구. 경성 이외의 지역.
32) 瀟湘(소상) : 소수(瀟水)와 상수(湘水).

別孤弟六首 其一

桐花忍爲故園攀, 驛樹離披33)古道難.
明月孤帆客心懶, 何年魂夢逐刀環34).

홀로 남은 동생과 이별하며 6수, 제1수

오동 꽃도 애써 고향 쪽으로 기어오르는데
역참의 나무 우거져 옛 길 가기 어렵네
밝은 달밤, 외로운 배, 나그네 마음 나른하니
언제 꿈속의 혼백이나마 고향으로 돌아갈까?

---

33) 離披(이피) : 분분히 떨어지다. 무성하다. 마구 뒤섞여 있다.
34) 刀環(도환) : '돌아가다'는 뜻.

別孤弟六首 其二

飛蓬飄忽[35]任悠悠, 江上靑峯黃鶴樓[36].
此夕懷人對瓊樹[37], 斷腸羌管在城頭.

홀로 남은 동생과 이별하며 6수, 제2수

날리는 쑥 제멋대로 유유히 떠도는데
강가 푸른 산봉우리의 황학루
이 밤 아름다운 나무를 마주해 그대를 그리는데
애 끊어지는 오랑캐 피리소리 성 머리에 울린다

---

35) 飄忽(표홀) : 신속하다. 시간이 짧다. 변화막측하다.
36) 黃鶴樓(황학루) : 중국의 강남 3대 명루(名樓)중의 하나로 호북성 무한(武漢)에 있
    다. 삼국(三國)시대 촉(蜀)의 비문위(費文褘)가 신선이 되어 황학을 타고 와서 여기
    서 쉬었다는 고사 때문에 이러한 이름이 붙었다.
37) 瓊樹(경수) : 나무의 미칭.

別孤弟六首 其三

行李秋風馬首東, 不堪搖落柳枝叢.
迢迢離恨杳38)關塞, 緘怨無從寄遠鴻.

홀로 남은 동생과 이별하며 6수, 제3수

가을바람에 떠돌며 동으로 말머리를 돌리니
버들가지 무더기로 떨어지는 것 견딜 수 없네
아득한 이별의 한은 변방에 아스라한데
원망을 담았어도 멀리 가는 기러기에게 부칠 길 없네

38) 杳(묘) : 원문에는 향(香)으로 되어 있다.

別孤弟六首 其四

古月寒光照客衣，夜深烏鵲帶霜飛．
且須暫寄城頭樹，莫傍羈人客館歸．

홀로 남은 동생과 이별하며 6수, 제4수

차가운 달빛 나그네 옷을 비추고
밤 깊어 까막까치 서리 맞으며 날아간다
잠시 성 머리 나무에 깃 들 것이지
나그네 자는 객사 옆으로 가지 말아라!

別孤弟六首 其五

水國寒侵露氣凉, 殘雲攪雪凍飛霜.
孤蓬此際傷枯草, 落月何年在屋梁.

홀로 남은 동생과 이별하며 6수, 제5수

강마을에 한기 침범해 이슬 기운이 차가운데
잦아드는 구름, 휘날리는 눈발에 날리는 서리 얼어붙네
외로운 쑥대 같은 신세는 이즈음 시든 풀에 마음 아픈데
지는 달은 언제 방안을 비춰줄까?

別孤弟六首 其六

臨岐獨向闇中啼, 幾遍停驂忍向西.
淚盡蠟消淸漏斷, 馬頭星曉聽林雞 39).

홀로 남은 동생과 이별하며 6수, 제6수

갈림길에서 홀로 남몰래 울었고
몇 번이나 말 멈추었다가 차마 서쪽으로 떠났나?
눈물 다하고 촛불 다 타고 물시계 소리조차 끊어지니
말머리에 별 뜬 새벽, 숲에서 우는 멧닭 소리 듣는다

【해제】 동생과 이별하며 쓴 시로 6수의 연작시로 구성되었다. 앞서 나온 〈금릉의 관사를 이별하며 9수(留別金陵官舍9首)〉의 제 9수에 벽계(碧鷄)가 등장하는 것으로 보아, 이 시를 지을 즈음 남편이 운남으로 발령을 받아 금릉을 떠나게 된 것으로 보인다. 따라서 동생과 헤어지며 쓴 이 연작시도 운남으로 가기 전에 쓴 것으로 생각된다. 시에 등장하는 나그네는 운남으로 이동 중인 서원 자신을 가리키는 것으로 보인다. 제 1수에서는 동생을 그리는 마음을 고향을 향하는 오동 꽃을 통해 투사하였고, 제 2수는 날리는 쑥대머리 같은 나와는 무관하게 푸른 산봉우리와 그 위에 의연하게 솟은 황학루를 통해 서글픈 감정을 기탁했다. 제 3수는 멀리 떠나가는 안타까움을 눈앞에 흔들려 떨어지는 버들가지를 통해 드러냈으며, 제 4수는 잠 못들 것을 염려해 까막까치를 내쫓게 되는 심정을 읊었다. 제 5수는 헤어져 아쉬운 심경을 토로하면서 마지막 구에서 방안을 비춰줄 달빛을 통해, 두 사람의 해후를 상상 속에서 그려보았다. 이 구절은 멀리 두보 〈달밤(月夜)〉의 마지막 구절 "언제쯤 투명한 휘장에 기대어, 둘이서 마른 눈물자국 비출까?(何時倚虛幌, 雙照淚痕乾)"와 닮아 있다. 제 6수는 전체 시의 마지막 수로 끊

---

39) 林雞(임계) : 수풀의 닭. 큰 멧닭(학명 Tetrao parvirostris).

임없이 갈 길을 재촉해야만 하는 상황이 핍진하게 드러나 있다. 갈림길, 물시계, 새벽, 큰 멧닭 등의 단어에서 먼 길을 가는 사람의 정서가 엿보인다.

繫舟毘陵[40]道中月下憶兒婦四首 其一

空江月色夜猿愁, 一帶高城暮笛秋.
人去北堂[41]飛夢斷, 漫將心事付離舟.

비릉으로 가는 도중 배를 정박하고 달밤에 며느리를 생각하며 4수, 제1수

텅 빈 강, 달 비치는 밤, 원숭이는 근심에 젖고
한 줄기 높은 성, 저녁 피리 소리 들리는 가을
사람이 떠나간 안방으로 날아가는 꿈마저 끊어지고
되는대로 심사를 떠나가는 배에 부친다

---

40) 毘陵(비릉) : 옛 군현(郡縣)의 이름으로 지금의 강소성(江蘇省) 상주시(常州市)에 해당된다.
41) 北堂(북당) : 모친. 사대부 집안에서 어머님이 계신 곳.

繫舟毘陵道中月下憶兒婦四首　其二

已傷腸斷聽陽關[42], 明月依人度遠山.
莫向天邊怨圓缺[43], 且餘孤影照離顔.

비릉으로 가는 도중 배를 정박하고 달밤에 며느리를 생각하며 4수, 제2수

이미 마음아파 애가 끊어지는 때 양관의 노래 들려오는데
밝은 달이 사람을 따라 먼 산을 넘어간다
하늘가에서 차고 기우는 달 원망하지 말거라!
그래도 외로운 달그림자 남아서 이별한 얼굴 비춰줄 터이니

---

42) 陽關(양관) : 금곡(琴曲)의 이름. 사패(詞牌)의 이름. 당 왕유(王維)의 <안서로 사신 가는 원이를 전송하며(送元二使安西)>의 "서쪽으로 양관을 나서면 옛 친구 없으리니(西出陽關無故人)"에서 유래하였다.
43) 圓缺(원결) : 달이 차고 이지러지다.

繫舟毘陵道中月下憶兒婦四首 其三

溫性柔肢玉不如, 盈盈⁴⁴⁾疑握掌中珠.
踈烟淡月扁舟杳, 不見留仙⁴⁵⁾七寶襦⁴⁶⁾.

비릉으로 가는 도중 배를 정박하고 달밤에 며느리를 생각하며 4수, 제3수

온화한 성품, 나긋한 모습은 옥보다 아름답고
날씬한 자태는 손 위의 구슬을 잡은 듯하네
성긴 안개, 흐릿한 달빛, 조각배는 아스라한데
선녀의 칠보장식 저고리가 보이지 않네

44) 盈盈(영영) : 맑다. 행동이 우아하다.
45) 留仙(유선) : 신선을 만류하다. 여기서는 며느리가 조비연(趙飛燕)처럼 아름답다고
  표현한 것으로 보았다. 기록에 따르면 한(漢) 성제(成帝)는 태액지(太液池)에 천 명
  이 탈 수 있는 배를 만들어 띄우고 이를 합궁지주(合宮之舟)라 불렀다. 후비 조비
  연(趙飛燕)이 <귀풍(歸風)>, <송원(送遠)>과 같은 노래를 부르고 시랑 풍무방(馮無
  方)은 생(笙)을 불어 후비의 노래에 맞추었다. 노래가 한참 달콤할 때 큰 바람이
  홀연 불어 후비가 소매를 펄럭이며 노래 부르자 날아갈 듯하였다. 이에 황제가 무
  방에게 명을 내려 후비가 날아가지 못하게 붙잡도록 했는데 이 때 막 바람이 그쳐
  치마에 주름이 졌다. 후에 궁녀들 사이에서 치마를 주름지게 하는 것이 유행했는
  데 이를 "유선군(留仙裙)"이라 불렸다고 한다. 《조비연외전(趙飛燕外傳)》에 기록
  이 보인다.
46) 七寶襦(칠보유) : 칠보장식 저고리.

繫舟毘陵道中月下憶兒婦四首　其四

枯岸烏棲瓊樹枝, 關山碧月憶娥眉.
芙蓉花老吳楓[47]冷, 何日相看慰別離.

비릉으로 가는 도중 배를 정박하고 달밤에 며느리를 생각하며 4수, 제4수

초목이 시든 언덕, 까마귀가 옥 같은 나뭇가지에 깃들고
변방의 밝은 달밤에 고운 모습을 그리워하네
부용꽃 시들어가고 단풍 든 오강(吳江)은 싸늘한데
어느 날에 서로 만나 이별의 슬픔을 위로할까?

【해제】 이 시는 비릉[毘陵, 지금의 강소성 상주시(常州市)]으로 가는 도중에 배를 잠시 매어놓고 달빛 아래서 며느리를 생각하며 쓴 작품이다. 총 4수의 연작시로서 여행 중에 자신이 떠난 집이 공허한 것을 상상하며 쓴 것으로 보인다. 당시 교육받은 상류층 여성들의 경우 시어머니와 며느리가 시로 소통할 만큼 지식과 재주를 갖추었음을 알 수 있다. 서원의 필하에서 며느리는 아름다운 칠보장식 저고리를 입은 선녀와 같은 모습으로 기억되고 있는 점도 주목할 만하다.

---

47) 吳楓(오풍) : 오나라 땅의 단풍. 오강(吳江)의 단풍.

別曹娘三首 其一

木落西風萬壑幽, 忍將離思爲君留.
碧雞[48]關外凄凉月, 偏向蠻雲夜夜秋.

조씨 낭자를 이별하여 3수, 제1수

가을바람에 나뭇잎 떨어지고 온 골짜기 그윽한데
애틋하게 이별의 그리움으로 그대를 만류하네
저 변방 벽계산의 처량한 달이
가을 밤마다 남녘 구름을 향해 비추네

---

48) 碧鷄(벽계) : 신령스런 전설의 새. 운남성 곤명시 서남에 있는 산 이름.

別曹娘三首 其二

江上靑楓一葉輕，停橈不敢問前津.
山深自是無楊柳，折得桐花寄遠人.

조씨 낭자를 이별하여 3수, 제2수

강 위에 푸른 단풍나무 이파리 가볍게 떨어질 때
노 멈추고 감히 앞의 나루터를 묻지 못하네
산 깊어 자연히 버드나무가 없어
오동 꽃 꺾어 멀리 있는 사람에게 부친다

別曹娘三首 其三

六詔⁴⁹⁾風烟⁵⁰⁾隔鴈沙, 行行數騎去天涯.
不堪故國空馳憶, 已見長途別歲華.

조씨 낭자를 이별하여 3수, 제3수

육조(六詔)의 바람과 안개는 기러기 내린 모래밭 너머에 있어
터덜터덜 몇 마리 말을 끌고 하늘 끝으로 떠나가네.
부질없이 고향으로 치달리는 생각 견딜 수 없지만,
이미 긴 여정에 계절이 달라진 것 보았네.

【해제】 조씨 낭자(趙娘)를 이별하며 쓴 연작시 3수로, 여행 도중에 겪는 이별의
아쉬움을 토로하였다. 이 연작시의 바로 앞서 지은 시는 비릉(毗陵)으로 가는 중
이라 했고, 이 시의 뒤에는 호북성 마성(麻城)이 언급되었기 때문에, 멀리 운남까
지 가는 여정에서 시인은 지금 비릉을 지나 마성으로 향하고 있는 것으로 보인
다. 헤어지는 서글픔과 지속되는 여로의 감개가 잘 드러나 있다. 특히 제 3수에
서는 끝도 없이 계속되는 여행길에서 달이 가고 계절이 바뀌는 것을 보여주고
있어, 기행시의 의미가 잘 나타나 있다.

49) 六詔(육조) : 운남과 사천 서남의 오만(烏蠻) 6개 부락의 총칭. '조(詔)'는 왕이나 수
     령의 의미.
50) 風烟(풍연) : 바람과 안개. 바람과 연기.

除夜宿客邸懷兒婦四首 其一

日暮天涯夜色寒，郵亭51)零雨52)伴更闌53).
已知歲向愁中盡，不及春花院裡看.

제야에 객사에 머물며 며느리를 생각하여 4수, 제1수

해 저무는 하늘가 밤빛이 싸늘한데
역참에 내리는 이슬비 사위어가는 밤을 벗하네
금년도 근심 속에 다 가는 줄 알겠으니
봄꽃을 정원에서 보지는 못하리라!

---

51) 郵亭(우정) : 여행자에게 숙식을 제공하는 역참.
52) 零雨(영우) : 가랑비. 이슬비.
53) 更闌(경란) : 밤이 깊어 끝나려하다.

除夜宿客邸懷兒婦四首 其二

客思徘徊道路艱, 懷人夢斷限層巒.
輕風一夜消殘臘54), 陌上春和塞草顔.

제야에 객사에 머물며 며느리를 생각하여 4수, 제2수

나그네 근심은 오락가락, 가는 길은 험하고
사람을 그리워해도 꿈은 끊기네, 첩첩 산중에 막혀서
밤새 부는 가벼운 바람 속에 한 해가 스러져가고
거리에는 봄이 와 변방의 풀빛이 부드러워지네

54) 殘臘(잔랍) : 세밑.

除夜宿客邸懷兒婦四首 其三

洞口梅花枝已斑，暮冬疲馬度重關[55].
可憐輕別隨征鴈，不道[56]行雲杳未還.

제야에 객사에 머물며 며느리를 생각하여 4수, 제3수

동네 어귀 매화가지 이미 알록달록
늦은 겨울 지친 말은 관문을 넘는다
가련하구나! 날아가는 기러기 따라 간 잠깐의 이별이
뜻밖에 떠도는 구름처럼 아득히 돌아오지 못했네

---

55) 重關(중관) : 층층의 궁궐 문. 빗장. 깊은 요새.
56) 不道(부도) : 뜻밖에. 어찌 모르겠는가?

除夜宿客邸懷兒婦四首 其四

萬戶春聲57)動地歡, 展衣58)獨坐夜光寒.
莫言歲換催雙鬢, 前路崎嶇匹馬難.

제야에 객사에 머물며 아들과 며느리를 생각하여 4수, 제4수

집집마다 봄이 오는 소리에 땅을 울리며 기뻐하는데
예복을 입고 홀로 앉으니 밤빛이 싸늘하다
해 바뀌어 귀밑머리 센다고 말하지 마오!
앞 길 기구하여 필마로 가기 어렵나니

【해제】 제야에 객사(客舍)에서 며느리에게 보낸 것으로 연작시 4수로 되어있다.
세모가 되어서도 아직 목적지에 도착하지 못하고 떠돌고 있는 감회를 표현했다.
제 1수는 타지에서 한해를 보내면서 돌아갈 기약이 막막한 심사를 표현했는데,
두보(杜甫)의 시 가운데 〈절구이수(絶句二首), 제2수〉의 "올봄도 보건대 또 지나
가니, 어느 날이 정말 고향에 돌아갈 해인고?(今春看又過, 何日是歸年)"에서 시
어와 의미를 참조한 것으로 보인다. 여행 중에 바뀌는 풍경, 심신의 피로, 객수
가 잘 드러나 있다. 특히 제 4수의 마지막 구절에서는 오랜 여행의 어려움이
묻어난다.

57) 春聲(춘성) : 물이 흐르고 싹 트는 소리, 새 우는 소리 등 봄이 오는 소리.
58) 展衣(전의) : 고대 왕후의 육복(六服)의 하나로 백색. 귀족 부인의 의복.

舟過麻城59)懷大金吾60)劉夫人三首 其一

幾欲仙源61)一問津，苦將消息扣漁人．
也知朱閣凌靑漢62)，不是桃花路避秦．

배를 타고 마성을 지나며 대금오의 유부인을 그리며 3수, 제1수

몇 번이나 무릉도원 가는 나루를 한 번 물으려다가
어렵게 소식을 어부에게 물어보았네
또 알리라! 하늘 높이 솟은 붉은 누각이
진나라를 피해 복사꽃 피어난 길이 아님을

舟過麻城懷大金吾劉夫人三首 其二

芳春杜若⁶³⁾暗汀洲, 歷遍靑山覓故侯⁶⁴⁾.
怨殺孤城遠千尺, 敎人空憶昔年遊.

배를 타고 마성을 지나며 대금오의 유부인을 그리며 3수, 제2수

두약 돋아난 꽃다운 봄날 모래사장은 어둑한데
청산을 두루 다니며 동릉후를 찾네
멀리 천척 높은 외로운 성이 몹시 원망스러우니
부질없이 지난날 노닐던 일 생각나게 하네

---

63) 杜若(두약) : 나도생강(pollia japonica).
64) 故侯(고후) : 진나라 동릉후(東陵侯) 소평(召平)을 말함. 동릉후 벼슬을 지녔으나 진
　　나라가 망한 뒤에는 장안성 청문(靑門) 밖에서 오이를 심으며 살았다. 그의 오이가
　　맛이 좋아 동릉과(東陵瓜)로 이름이 났으며 고후과(故侯瓜)라고도 불렀다.

舟過麻城懷大金吾劉夫人三首 其三

江城風日絢朝霞, 流水溪橋曲曲斜.
望裡碧桃65)千樹合, 美人樓閣限層崖.

배를 타고 마성을 지나며 대금오의 유부인을 그리며 3수, 제3수

강가의 도시, 바람 부는 날, 아침노을 고운데
흐르는 물, 계곡의 다리, 굽이굽이 기울었네
멀리서 바라보니 수많은 벽도가 모여 있는데
미인이 계신 누각은 층층 절벽에 막혀있네

【해제】 대금오(大金吾)의 유부인(劉夫人)이 사는 곳과 그녀의 생활을 찬미한 시로
연작시 3수로 구성되었다. 제 1수에서는 유부인이 사는 곳을 도연명의 도화원에
비기면서도, 마지막 구절에서는 진나라의 폭정을 피해 세상과 격절된 곳은 아니
라고 하여, 〈도화원기(桃花源記)〉의 소박한 아름다움으로는 결코 따라잡을 수 없
는 멋진 세계임을 강조하였다. 제 2수는 지나가다 들리지 못하는 아쉬움을 말하
였고, 제 3수에서는 유부인을 미인으로 칭송함과 동시에 유부인이 살고 있는 공
간을 아름답게 묘사했다.

65) 碧桃(벽도) : 벽도. 복숭아나무의 일종으로 꽃이 희고 여러 겹으로 되어 있음.

蒲圻66)道中雨

春光九十雨綿綿, 楚水江雲一望連.
千疊蒼蘿萬行徑, 更憐馬足滑泥田.

포기로 가는 도중에 비를 만나

봄날 90일을 비는 부슬 부슬
초 땅의 물길은 강과 구름이 하나로 이어졌네
겹겹 푸른 여라는 길마다 늘어지고
말발굽 진흙탕에 미끄러져 더욱 가련하네

【해제】 포기로 가는 도중 비를 만나 지었다. 연일 계속 되는 비를 겹겹의 여라와
진흙탕에 말발굽이 미끄러지는 장면을 통해 생생하게 전달하였다.

---

66) 蒲圻(포기) : 중국 역사상 유명한 적벽대전이 벌어졌던 곳으로 호북성 동남부 장강
    남안에 있다. 부들이 많아 이런 이름이 붙었으며, 1996년에 현재의 적벽시(赤壁市)
    로 승격되었다.

桃源^{咏古二首} 其一

曉烟籠翠一溪斜，耕穫無人蔓草遮.
檻外白雲軒下靄，濕陰滿徑碧蒹葭.

도원에서 옛날을 노래하여 2수, 제1수

새벽 연기 대숲을 휘감고 계곡을 비껴 흐르는데
농사짓는 사람 없어 덩굴풀로 덮여 있네
난간밖엔 흰 구름, 집 아래는 안개
길은 온통 축축하고 갈대는 푸르구나!

桃源咏古二首 其二

洞草流香苔色斑，仙人歸去珮珊珊[67].
武陵溪上桃花路，歲歲春風燕子還.

도원에서 옛날을 노래하여 2수, 제1수

마을 어귀에 풀은 향기를 날리고 이끼는 알록달록 한데
신선은 돌아갔네, 패옥 소리 울리며
무릉계곡 복사꽃 피어난 길
해마다 봄바람 불면 제비 돌아온다지

【해제】 운남으로 가는 도중 도원(桃源)이라는 곳에서 옛 일을 회상한 것으로, 연작시 2수로 구성되었다. 시의 제목으로 보아 영탄의 대상은 옛날에 있었던 일이며, 따라서 '도원'은 일차적으로 영탄이 행해진 실질적인 지점으로 해석된다. 도원은 중국 전역에 동명의 지명이 매우 많지만, 여기서는 동정호(洞庭湖) 서쪽에 위치한 현재의 도원현(桃源縣)을 가리키는 것으로 보인다. '도원'이라는 지명이 붙은 곳에 와서 옛 〈도화원기〉의 일화를 회고해보는 것이 작시의 동기가 되었다. 1, 2수 모두 평화롭고 아름다운 풍광을 그렸으며, 제 2수에서는 무릉도원의 이야기를 떠올리며 감회에 젖었다.

---

67) 珊珊(산산) : 패옥 소리. 비바람 소리.

滇中曉望

歷亂[68]鴉飛玉鏡斜，一天風露濕林花.
孤城杳渺高樓寂，極目雲山萬里家.

운남에서 새벽에 바라보다

어지러이 까마귀 날고 달은 기우는데
종일 부는 바람과 이슬에 숲의 꽃이 젖었네
외로운 성 아스라이 높은 누대 쓸쓸한데
눈을 부릅뜨고 구름 낀 산 만리 밖 인가를 바라본다

【해제】 운남 지역에서 새벽에 멀리 바라보며 지은 것이다. "극목(極目)", 즉 힘써
멀리 바라본다는 표현에서 여성 시인 특유의 유약함을 넘어서는 기백과 흉금을
느낄 수 있다.

68) 歷亂(역란) : 어지럽다. 난만하다.

寄懷

露井桐黃落鴈風⁶⁹⁾, 空江木老冷芙蓉.
薄寒不共秋宵盡, 輕透征衫⁷⁰⁾第幾重.

회포를 부쳐

이슬 맺힌 우물가, 오동은 가을바람에 잎을 떨구고
텅 빈 강에 나무 늙어가고 부용은 싸늘하다
옅은 추위는 가을 밤 다하도록 가시지 않으니
살며시 여행 복 속 몇 겹까지 스며드는가?

【해제】 외지에서 느끼는 감회를 표현하였다. 가을이 깊어지면 시든 오동나무와
싸늘한 부용이 가을 기운을 더하는데, 추위가 닥쳐 옷을 두터이 입어도 감당할
수 없었다.

69) 鴈風(안풍) : 가을바람.
70) 征衫(정삼) : 여행복. 멀리 떠난 사람.

寄贈年家71)妹二首 其一

瑞風輕散薄寒分, 畫省72)新鶯花下聞.
日護蝦鬚73)閑繡線, 纖霞嬌映石榴裙74).

연가 댁의 아가씨에게 드리며 2수, 제1수

상서로운 바람 산들 불어 얇은 추위를 흩어놓고
상서성의 어린 꾀꼬리 소리 꽃 아래서 듣는다
날마다 주렴 지키며 한가로이 수를 놓는데
고운 노을 붉은 치마에 아리땁게 비치네

71) 年家(연가) : 같은 해에 과거에 합격한 두 집안 사이의 호칭.
72) 畫省(화성) : 상서성(尙書省).
73) 蝦鬚(하수) : 새우의 수염. 주렴의 별명.
74) 石榴裙(석류군) : 젊은 여인이 즐겨 입는 석류처럼 붉은 색의 치마.

寄贈年家妹二首 其二

巫山[75]巫峽杳沈沈, 湘水[76]湘江千尺深.
我折芙蓉蹇[77]秋色, 知君已結楚蘭[78]心.

연가 댁의 아가씨에게 드리며 2수, 제2수

무산과 무협은 아득히 가물거리고
상수와 상강은 천척이나 깊구나!
나는 부용을 꺾어 가을빛을 멈추려 했지만
그대 이미 난초의 마음 맺었음을 알았네

【해제】 연가 댁 아가씨에게 드리는 것으로 연작시 2수로 구성되었다. 연가 댁이란 두 가문의 아버지가 같은 해에 과거에 급제했을 경우 서로를 호칭하는 말이다. 뒤에 나오는 맹년매(孟年妹)는 이 댁의 가기(歌妓)로 해석되었다. 따라서 이 시에서도 연가 댁 아가씨는 이 집안의 가기(歌妓)나 시녀인 것으로 생각된다. '채련(採蓮)'의 의미가 사랑하는 사람을 찾는다는 뜻인 것처럼, '부용을 꺾다(折芙蓉)'의 의미는 부용(芙蓉)이 부용(夫容 : 남편의 얼굴)과 발음이 같아서 '남편감을 물색하다'라는 의미로 해석된다. 이 시는 연가 댁의 아가씨에게 정혼자가 생긴 것을 에둘러 말하며 약간의 희롱의 의미도 있는 것으로 생각된다.

75) 巫山(무산) : 중경시 동북부에 있는 산.
76) 湘水(상수) : 동정호로 흘러드는 호남성의 최대 하천으로 장강의 주요 지류 가운데 하나.
77) 蹇(건) : 멈추게 하다(凝滯)의 뜻이 있어, 여기서는 '시절을 멈추게 하다'라는 뜻으로 보았다.
78) 楚蘭(초란) : 난초, 초나라에 많이 자라나고 굴원(屈原)이 초사(楚辭)에서 많이 언급하여 습관적으로 "초란"이라고 한다. 여기서 '초란의 마음을 맺는다'는 것은 '정혼'을 의미한다.

元夕⁷⁹⁾四首　其一

織竹千枝巧作龍, 烟花十丈樹玲瓏.
更將銀鏡⁸⁰⁾懸天上, 華屋朱甍素玉叢⁸¹⁾.

정월 대보름 4수, 제1수

가는 대 천 가지를 엮어 용을 만들고
안개 속에 꽃이 핀 듯 높은 나무는 영롱하구나!
또 밝은 거울이 하늘 위에 매달려 있고
화려한 저택 붉은 용마루에 밝게 빛나는 등불

79) 元夕(원석) : 정월 대보름.
80) 銀鏡(은경) : 현대의 거울과 같은 유리 거울. 은색으로 환하게 빛나는 보름달.
81) 玉叢(옥총) : 본래는 대숲이지만, 여기서는 대숲처럼 많이 매달린 등불로 풀이.

元夕四首 其二

花葉雲衣[82]畵幟融, 剪羅疊玉壓神工.
傳柑[83]夜半人歸後, 星閣遙看錦荔[84]紅.

정월 대보름 4수, 제2수

꽃잎과 구름은 화려한 깃발과 어우러지고
비단 재단하고 옥을 쌓아 신령의 솜씨를 압도했네
귤 전해주고 한밤중 사람들이 돌아간 뒤
별밤 누각에서 멀리 바라보니 붉게 익은 여지 같구나!

---

82) 雲衣(운의) : 구름.
83) 傳柑(전감) : 귤을 증정하다. 북송 시기 정월 대보름날 밤에 궁중에서 신하들에게
    연회를 베풀고 귤을 선사했다고 한다.
84) 錦荔(금려) : 고과(苦瓜)의 별칭이 금여지(錦荔枝)지만 여기서는 뒤의 '홍(紅)'자와
    결합하여 붉게 익은 여지(荔枝)로 풀이. 등불이 붉게 익은 여지처럼 환하게 보인다
    는 의미.

元夕四首 其三

燈火三辰85)樂事濃, 君王不禁夜行蹤.
踏歌86)少婦嬌如玉, 對對粧臨淡月容.

정월 대보름 4수, 제3수

등불은 해, 달, 별처럼 밝아 즐거움이 넘쳐
임금님 밤에 멋대로 노는 걸 막지 않았네.
손잡고 노래하는 여인들 옥처럼 아름다운데
화장하고 쌍쌍이 마주하니 달처럼 하얗구나!

85) 三辰(삼진) : 해, 달, 별을 가리킴
86) 踏歌(답가) : 발을 굴러 박자 맞추며 손을 잡고 노래하다.

元夕四首 其四

錦繡城都十二重, 雲離海嶠[87]碧天溶.
水晶鉤下流蛾火, 簾影風搖太乙鐘[88].

정월 대보름 4수, 제4수

수놓은 비단처럼 아름다운 성은 열두 겹
구름 떠나간 해변의 산은 푸른 하늘에 녹아드네
수정 갈고리 아래로 불나방이 날아다니고
주렴 그림자는 바람에 흔들려 태을종과 같네

【해제】 정월 대보름의 풍경을 노래한 시로 연작시 4수로 되어있다. 서원의 시 가운데 민속 명절을 기록한 시가 적지 않은데, 그 가운데 대보름을 묘사한 시가 많다. 풍족한 환경에서 대보름의 화려한 축제를 직접 주관할 만큼 부와 명예를 가지고 있었기 때문이다. 이 시는 특히 감정 표현을 절제하고 최대한 화려한 모습을 객관적으로 묘사했다. 제 1수는 수많은 등불을 나무에 매달아 하늘의 보름 달과 어울리는 화려한 경관을, 제 2수는 대보름에 만드는 등불과 각종 설비의 화려함을 말했다. 제 3수는 이날만큼은 통금이 없어 밤늦도록 여인들까지 축제를 즐길 수 있음을 말하였다. 제 4수는 이러한 경관이 마치 신선의 경지와 같음을 말하였으며, 놀이가 끝난 뒤 집으로 돌아가서도 여전히 그 여운에 빠져 있는 장면을 노래하였다.

87) 海嶠(해교) : 해변의 산봉우리.
88) 太乙鐘(태을종) : 태일종(太一鐘), 혼돈종(混沌鐘). 선천세계(先天世界)의 삼대 보물 가운데 하나로, 반고(盤古)가 혼돈을 부순 뒤에 법보로 변화되었다고 한다.

明妃89)三首 其一

凄笳悲咽角聲微，焦斗90)銀籌91)漏下稀.
夢斷隴頭92)沙上月，芳魂何日漢庭93)歸.

명비 왕소군 3수, 제1수

처량한 풀피리 소리 구슬퍼 목이 메고 호각소리 잦아드는데
조두를 치는 밤, 물시계 떨어지는 소리 희미하네
꿈마저 끊어진 변방, 사막에는 달이 뜨건만
꽃다운 혼백 어느 날에 한나라로 돌아올까?

89) 明妃(명비) : 한 원제(元帝) 시기의 궁녀 왕소군(王昭君).
90) 焦斗(초두) : 조두(刁斗). 세발과 손잡이가 있으며, 낮에는 취사용기로 밤에는 두드려 순찰에 이용하던 고대의 군용 도구.
91) 銀籌(은주) : 은으로 만든 계시용구. 투호의 화살.
92) 隴頭(농두) : 농산(隴山). 감숙성(甘肅省) 남부, 섬서성(陝西省)서부에 위치해있다. 포괄적으로 변방을 의미한다.
93) 漢庭(한정) : 한나라 조정.

明妃三首 其二

塞外無春邊草枯, 玉關音信向來孤.
自將花貌平戎94)虜, 不用中朝金僕姑95).

명비 왕소군 3수, 제2수

새외에는 봄이 없어 변방의 풀이 시들고
옥문관의 소식 예로부터 드물었지
스스로 꽃다운 용모로 오랑캐와 화친하는 볼모가 되었으니
중원의 조정에서는 금복고를 사용하지 않았네

94) 平戎(평융) : 오랑캐와 화친을 맺다.
95) 金僕姑(금복고) : 잘 못 쏘는 사람이 쏘아도 모두 적중한다는 화살의 이름. 노나라
    의 좋은 화살.

明妃三首 其三

猗蘭⁹⁶⁾情歇故臺空, 戚里⁹⁷⁾恩私絶塞鴻.
回首秦關⁹⁸⁾背秋月, 龍沙⁹⁹⁾飛雪黯胡中.

명비 왕소군 3수, 제3수

의란전의 애정 스러지고 옛 누대는 텅 비어
친척의 사랑 전해줄 변방 기러기도 끊겼네
중원 향해 머리 돌리며 가을 달을 등졌으니
변방의 사막에 눈 휘날려 오랑캐 땅이 어둑어둑하네

【해제】 왕소군이 화친을 위해 흉노에게 시집간 일을 회고하며 쓴 시로 연작시 3수로 되어있다. 당시 왕소군이 흉노에게 시집 간 이후, 그 혼조차 돌아오지 못한 애달픔을 황량한 변새의 모습을 통해 표현했다.

96) 猗蘭(의란) : 한나라 궁전의 명칭. 고대의 금곡 <의란조(猗蘭操)>.
97) 戚里(척리) : 제왕의 외척이 모여 사는 곳. 외척.
98) 秦關(진관) : 진나라의 관문 함곡관(咸谷關). 여기서는 중원을 지칭.
99) 龍沙(용사) : 새외(塞外) 사막지역을 가리킨다.

答趙四夫人[100]却寄七首 其一

涉盡長途千萬山，愁聞飛鴈洞庭還.
更飄龍笛秋風裡，思逐行雲度玉關[101].

조부인 육경자가 보내온 서신에 답하다 7수, 제1수

긴 여정에 천만 산을 두루 돌아다니고
근심 속에 동정호로 날아가는 기러기 소리를 듣네
다시 가을바람에 피리소리 울려 퍼지는데
마음은 떠가는 구름을 따라 옥문관을 넘어가네

---

100) 趙四夫人(조사부인) : 조환광(趙宦光)의 처 육경자(陸卿子).
101) 玉關(옥관) : 옥문관(玉門關).

答趙四夫人却寄七首 其二

漢月常懸照碧雞102), 葉楡水103)淨海風凄.
不敎枕畔屏山104)隔, 自是鄕關歸路迷.

조부인 육경자가 보내온 서신에 답하다 7수, 제2수

한나라의 달은 늘 하늘에 떠서 벽계산을 비추고
엽유수는 맑고 바다바람은 처량하네
베게 머리를 산으로 가로막지 마라!
고향 돌아가는 길 잃어버리게 될 터이니

102) 碧雞(벽계) : 벽계산(碧雞山).
103) 葉楡水(엽유수) : 엽유는 운남 대리(大理)에 있는 지명. 엽유수는 지금의 서이하(西
    洱河)로 대리시를 동서로 관통하는 강.
104) 屏山(병산) : 병풍처럼 둘러싸인 산. 산이 그려진 병풍. 병풍과 산.

答趙四夫人却寄七首 其三

不染身如天地長, 鉢羅花105)笑梵王106)傍.
等閑107)禮罷蓮花座, 猶自垂幃列講堂.

조부인 육경자가 보내온 서신에 답하다 7수, 제3수

속세에 물들지 않는 몸은 천지와 같이 영원하리니
우담바라는 부처 곁에서 미소를 짓네
평소처럼 연화좌에 예불을 끝내고
여전히 스스로 휘장 드리우고 강당에 줄지어 있네

105) 鉢羅花(발라화) : 우담바라 꽃.
106) 梵王(범왕) : 브라만교의 교조인 우주 만물의 조화의 신. 제석천(帝釋天)과 함께 부
　　처를 좌우에서 모시는 불법 수호의 신. 여기서는 부처로 풀이.
107) 等閑(등한) : 보통의, 쉽게, 평상시와 같이.

答趙四夫人却寄七首 其四

花氣炎洲[108]錦作茵，哀牢城[109]下景長春.
黃昏烽火蠻烟[110]黑，未若靑山鶯語新.

조부인 육경자가 보내온 서신에 답하다 7수, 제4수

꽃기운이 피어나는 운남은 비단을 깔아놓은 듯
애뢰성 아래 봄 햇살이 길다
황혼녘 봉화 피어나고 운남의 안개 자욱하지만
청산의 새로운 꾀꼬리 소리처럼 신기하지는 않다네

108) 炎洲(염주) : 한 동방삭(東方朔)의 《십주기(十洲記)》에 나오는 선경의 하나. 여기
　　 서는 더운 날씨의 운남지역을 말함.
109) 哀牢城(애뢰성) : 운남성 서부 영강현(盈江縣)에 있던 지명.
110) 蠻烟(만연) : 남방 소수민족 지역 산림의 장기(瘴氣).

答趙四夫人却寄七首　其五

博士才華逈出塵[111]，大家聲價邁前人.
也知明月樓中客，幾爲耽詩減玉神.

조부인 육경자가 보내온 서신에 답하다 7수, 제5수

박사 같은 재주는 속세를 아득히 벗어나고
대가의 명성은 앞 현인을 넘어섰네
알겠구나! 밝은 달 비치는 누대의 나그네가
시를 짓다가 아름다운 몸이 얼마나 수척해졌을지

---

111) 出塵(출진) : 속세를 벗어나다. 출가하다. 번뇌를 벗어나다.

答趙四夫人却寄七首 其六

書到衡陽¹¹²⁾鴈自還，故園花柳若爲攀．
愁腸盡日車輪轉，江北江南夢度關．

조부인 육경자가 보내온 서신에 답하다 7수, 제6수

편지가 형양에 도착해 기러기는 돌아가는데
고향의 꽃과 버들이 손에 잡힐 듯하네
근심스런 마음은 온 종일 수레바퀴처럼 울렁이며
강북과 강남의 관문을 꿈속에 넘나드네

112) 衡陽(형양) : 호남성의 남악(南嶽) 형산(衡山) 남쪽에 있는 도시. 이곳에 남쪽으로
    날던 기러기가 다시 북상한다는 회안봉(回雁峰)이 있다.

答趙四夫人却寄七首　其七

聞道維摩[113]示病因, 故人天外有佳音.
願將甘露除煩垢, 月在中天鶴在林.

조부인 육경자가 보내온 서신에 답하다 7수, 제7

유마거사가 병의 원인을 알려주었다 들었으니
옛 친구 저 멀리서 좋은 소식이 있겠구나!
바라건대 감로수로 번뇌를 제거하여
중천의 달 같고 숲의 학과 같기를

【해제】 벗 육경자에게 보낸 시로 연작시 7수로 되어있다. 제 2수는 벽계산과 엽유수를 들어 운남의 대리(大理)까지 갔음을 보여주고 있고, 제 5수는 시 짓는 데 골몰한다는 표현을 통해 시인으로서의 면모를 보여주었다. 또한 제 6수는 서신을 전하는 기러기도 더 이상 가지 못하고 북상한다는 형양(衡陽)의 회안봉(回雁峰)을 언급하여, 자신이 매우 먼 곳에 떨어져 있음을 보여주었다. 멀리 떨어져 고향과 벗을 생각하는 그리움, 타향의 신선한 풍경을 언급하며 더불어 시우(詩友)로써 육경자가 불교의 교리에 따라 평정을 얻고 건강할 것을 기원했다.

113) 維摩(유마) : 유마거사.

寄懷孟年伯114)母三首 其一

素秋115)烟嫋暮霞微, 落月松深隱夜扉.
此夕天涯人去後, 一簾霜色自空飛.

맹년백의 모친께 회포를 부쳐 3수, 제1수

가을 안개 하늘거리고 저녁노을 희미한데
달은 지고 깊은 솔숲에 사립문이 숨어있네
오늘 밤 하늘가로 사람이 떠난 뒤
주렴에 맺힌 서리 저 혼자 허공을 날아가네

114) 연백(年伯) : 아버지와 같은 해에 과거에 급제한 사람을 가리킨다.
115) 素秋(소추) : 가을. 노쇠하다.

寄懷孟年伯母三首 其二

兩地相看隔曙雲, 盈盈燕語望中聞.
可憐咫尺間關地, 不似靑山遠送君.

맹년백의 모친께 회포를 부쳐 3수, 제2수

두 곳에서 아침 구름 너머로 서로 그리워하며
재잘거리는 제비소리를 먼 곳 바라보며 듣는다
가련하구나! 지척을 두고 관문으로 막혔으니
멀리 그대 전송해주는 청산만도 못하구나!

寄懷孟年伯母三首 其三

殷勤遠寄一行啼, 楚水湘江烟路迷.
欲訴離情看折柳, 更傷鴈斷夜郎116)西.

맹년백의 모친께 회포를 부쳐 3수, 제3수

줄지어 울며 나는 기러기에 은근히 멀리서 소식 전하려 해도
초수와 상강에는 안개 자욱해 길을 잃었네
이별의 감정 호소하려고 꺾어 준 버들을 보니
야랑의 서쪽으로 소식 끊어져 더욱 아프네

【해제】 맹년백의 모친에게 부친 시로 연작시 3수로 되어있다. 멀리 떨어지게 되어 일어나는 그리움을 토로하였다. 연백은 자신의 아버지와 같은 해에 진사에 급제한 사람을 지칭한다. 맹년백의 모친은 서원과 깊은 친분이 있었던 것으로 보인다. 이 시외에 오언고시 형태의 〈초 땅으로 돌아가는 맹년백 모친을 전송하며 2수(送孟年伯母還楚二首)〉와 같은 제목의 오언율시 2수가 더 있다. 시를 지을 당시 서원은 운남에 있었던 것으로 보인다. 제 1수에서는 사람이 떠나가고 적막한 느낌을 강조했고, 제 2수는 관문에 막혀 서로 만나볼 수 없는 답답함을 호소했다. 한편 제 3수에서는 소식을 전할 수 없어 막연한 심정을 전하였다. 초수(楚水), 상강(湘江), 야랑(夜郎) 등의 지명을 통해 구체적인 거리감을 확보했다.

116) 夜郎(야랑) : 지금의 귀주성 지역.

贈孟年妹117)花燭詞118)三首 其一

雀屏119)輝彩玳筵120)賖, 鳳燭121)樓高蕭史122)家.
十里笙歌籠錦幄, 炷檀繚繞壻窓123)斜.

맹년백 집안의 아가씨에게 화촉사를 지어 보내며 3수, 제1수

공작그림 병풍 찬란하고 화려한 잔치는 길게 이어지는데
봉황 촛불 밝힌 누대 우뚝 솟은 소사의 집
십리 밖까지 들리는 음악소리 비단 휘장을 감돌고
단향 태우는 향기 창문을 비껴 맴돈다

117) 孟年妹(맹년매) : 맹년백(孟年伯) 집안의 아가씨. 바로 앞에 맹년백의 모친에게 보
    내는 시가 있는 것으로 미루어 여기서의 맹년백도 동일인물일 것으로 추정된다.
118) 花燭詞(화촉사) : 고대에 첩을 들이면 짓는 노래. 청나라 전겸익(钱谦益)에게 <진회
    화촉사(秦淮花烛词)>라는 작품이 있으며, 왕사진(王士禛)의 작품 가운데에도 벗 왕
    완(汪琬)이 첩을 들이자, 이를 희롱하여 화촉사(花燭詞) 2수를 지은 바 있다.
119) 雀屏(작병) : 공작을 그린 병풍. 《당서ㆍ두후전(唐書ㆍ竇后傳)》에 따르면 두후의
    부친은 자신의 사위를 고르기 위해, 공작을 그린 병풍을 세워두고 사윗감들에게
    활을 쏘게 하여 마음에 드는 사람을 골랐다. 이때 당 태조 이연(李淵)이 공작의 두
    눈을 쏘아 사위로 뽑혔다고 한다.
120) 玳筵(대연) : 대모연(玳瑁筵). 화려하고 진귀한 연회.
121) 鳳燭(봉촉) : 봉황모양의 등불
122) 蕭史(소사) : 전설의 인물. 통소를 잘 불어 진목공(秦穆公)의 딸 농옥(弄玉)과 인연
    을 맺어 봉루(鳳樓)를 짓고 살다가 신선이 되었다고 한다.
123) 壻窓(서창) : 서창(婿窓). 당 이임보(李林甫)에게 딸이 여섯이 있어, 창문 아래서 딸
    을 놀게 하고 귀족의 자제가 들어오면 창을 통해 딸에게 살펴보도록 시켜 마음에
    드는 사람을 고르도록 했다고 한다.

贈孟年妹花燭詞三首 其二

曉幀朝開九華扇124), 鵲橋初駕五雲車125).
風飄霧縠126)明璫127)燦, 臂縷128)斜封護絳紗129).

맹년백 집안의 아가씨에게 화촉사를 지어 보내며 3수, 제2수

새벽 침상에서 아침에 화려한 구화선이 펼쳐지고
오작교 위로 오운거가 이제 막 건너가네
바람에 얇은 비단 나부끼고 귀걸이 반짝이는데
팔에 오색실 묶고 비스듬히 붉은 비단 둘렀네

124) 九華扇(구화선) : 한나라 항제(恒帝)가 조조(曹操)에게 하사했다는 매우 진귀한 부
채로, 조식(曹植)이 이를 위해 <구화선부(九華扇賦)>를 지었다고 한다.
125) 五雲車(오운거) : 신선이 타고 다니는 구름수레.
126) 霧縠(무곡) : 안개처럼 얇은 비단.
127) 明璫(명당) : 주옥을 꿰어 만든 귀걸이.
128) 臂縷(비루) : 계비(繫臂), 계비사(繫臂紗). 아름다운 용모로 내궁에 선발되어 들어가
다. 정혼하다.
129) 絳紗(강사) : 붉고 가벼운 비단.

贈孟年妹花燭詞三首 其三

寶鏡嬌窺艷粉光, 秦樓[130]夜月暖銀床[131].
玉簫[132]吹入綵雲[133]去, 蘭珮[134]分來燕姞[135]香.

맹년백 집안의 아가씨에게 화촉사를 지어 보내며 3수, 제3수

거울 교태부리며 바라보니 화장한 모습이 빛나고
봉루의 달밤에 은 장식 침대는 따스하네
옥피리 불며 오색 구름 속으로 사라졌지만
미인은 연길처럼 다가와 향기를 풍기네

【해제】 맹년백 집안의 아가씨의 결혼을 축하한 시이다. '맹년매(孟年妹)'라는 말을 맹년백매(孟年伯妹)의 약칭으로 보인다. 제 1수는 농옥(弄玉)과 소사(蕭史)의 전고를 사용하여 결혼을 상징했고, 제 2수는 화려한 부채와 오작교 등의 단어를 통해, 제 3수는 통소소리와 우아한 옥장식 등을 통해 화려한 결혼식의 분위기를 나타내었으며, 정나라 문공(文公)의 첩 연길(燕姞)의 이야기를 빌려와 비록 첩의 신분이지만 후에 귀한 아들을 낳게 될 것을 축원하였다.

130) 秦樓(진루) : 진목공이 딸 농옥에게 지어준 누각, 봉루(鳳樓).
131) 銀床(은상) : 은으로 장식한 침대.
132) 玉簫(옥소) : 옥피리. 이 시에서 옥피리를 분 이와 아래에 나오는 미인은 결혼의 주인공들로 각각 고대의 소사(蕭史)와 농옥(弄玉)에 빗댄 것으로 보았다.
133) 綵雲(채운) : 채색 구름.
134) 蘭珮(난패) : 난초를 착용하다. 우아한 장식. 여기서는 난초처럼 향기로운 미인.
135) 燕姞(연길) : 춘추시기 정나라 문공(文公)의 첩. 꿈에 조상이 나타나 난초꽃을 주며 귀한 아들을 낳을 것을 예언했는데, 후에 그녀가 낳은 아들이 정나라 목공(穆公)이 되었다. 첩을 지칭하는 단어로 많이 쓰인다.

塞原秋晚三首 其一

日日驚沙¹³⁶⁾素草斑，秋空霜鴈洞庭還．
幾多瀚海¹³⁷⁾灘頭骨，淚盡紅閨鏡裡顔．

변방의 늦가을 3수, 제1수

날마다 거센 바람에 모래 날려 흰 풀이 얼룩지고,
가을하늘 서리 맞은 기러기 동정호로 돌아온다.
광활한 사막에 백골은 얼마나 많은가?
규방의 여인 거울 속 얼굴은 눈물마저 다 말랐네.

136) 驚沙(경사) : 광풍에 휘날리는 모래와 자갈.
137) 瀚海(한해) : 몽고 대사막. 포괄적으로 변경지역을 지칭함.

塞原秋晩三首　其二

定遠歸來戎馬閒，西風羌笛散楡關[138].
葡萄塞外靑靑柳，曾向征人傍馬鞍.

변방의 늦가을 3수, 제2수

변방을 평정하고 돌아와 군대는 한가롭고
가을바람에 오랑캐 피리소리 변방에 울려 퍼진다
포도 자라는 변방에는 버들 푸릇푸릇
일찍이 원정 나가는 사람의 말안장을 벗 했었지

138) 楡關(유관) : 지금의 하남성 중모현(中牟縣) 남쪽에 있던 지명. 북방의 변방.

塞原秋晚三首 其三

落盡椒花白露溥, 秋郊戍老塞垣139)寬.
銅關140)勢亙羌夷遠, 鐵索橋141)橫弱水142)湍.

변방의 늦가을 3수, 제3수

산초 꽃 다 지고 찬 이슬 흠씬 내려
가을 교외, 수자리 지키는 늙은이, 넓은 성곽
굳건한 요새의 기세는 멀리 오랑캐 지역까지 뻗치고
철삭교는 험난한 약수(弱水)에 빗겨 있네

【해제】 변방의 늦가을을 노래한 시로 연작시 3수로 구성되어 있다. 제 1수는
거센 바람, 하얀 풀, 서리 맞은 기러기를 배경으로 사막에 나뒹구는 백골과 여인
의 눈물을 대비시켜 변방의 황량한 이미지를 극대화하였다. 제 2수는 전란이 평
정된 뒤 한가로운 변방의 모습을 그렸다. 원정을 떠나는 사람의 말안장 옆에서
푸르렀던 그 버들이 아무 일도 없었다는 듯 지금도 푸른 모습을 포착하였다. 제
3수는 가을이 찾아온 변방에서 수자리 서는 늙은이의 모습과 함께 철삭교와 약
수 등의 단어로 굳세고 험난한 이미지를 부각시켰다. 전체적으로 감정표현 없이
경치묘사만 한 듯이 보이지만, 매 수마다 인물이 들어있어 풍경은 사연을 지닌
듯 여겨진다. 변방의 넓은 사막, 오래된 수자리 등의 단어로 넓은 공간감을 확보
했으며 흰 풀, 유관(楡關), 포도, 철삭교, 약수(弱水) 등의 단어를 통해 머나 먼
변방의 느낌이 도드라지도록 표현하였다.

139) 塞垣(새원) : 한나라 때 선비족을 막기 위해 만든 성곽. 장성.
140) 銅關(동관) : 매우 견고한 관문.
141) 鐵索橋(철삭교) : 쇠사슬로 만든 다리.
142) 弱水(약수) : 신화에 등장하는 서쪽 끝의 강으로 부력이 매우 약하여 기러기의 털
    도 가라앉는다고 한다.

七夕五首 其一

競向靈姑[143]薦果瓜[144], 晶盤誰解鏤菱芽.
深閨枉用針尖卜[145], 技巧由來出內家.

칠석 5수, 제1수

다투어 직녀에게 과일을 바치는데,
수정 쟁반에 마름 무늬 새긴 것은 누구의 솜씨일까?
깊숙한 규방에서 그릇 되이 바늘로 점을 치지만,
바느질 솜씨는 예로부터 안방에서 나온다네.

143) 靈姑(영고) : 칠석날의 영험한 선녀, 즉 직녀.
144) 薦果瓜(천과과) : 과일을 올리다. 칠석날에 치성을 드리기 위해 예쁜 쟁반에 과일
    을 담아 비는 풍습이 있었다.
145) 針尖卜(침첨복) : 칠석날 바느질 솜씨가 좋아지기를 빌며 세숫대야에 바늘을 넣고
    점을 치는 풍습이 있었다.

七夕五首 其二

海月珊瑚樹影斜, 芳池白露下蒹葭.
機絲隔斷須抛擲, 錦石應留使者槎146).

칠석 5수, 제2수

바다에 달 비쳐 산호수 그림자가 기울고,
꽃 피어난 연못, 찬 이슬이 갈대에 내렸네.
베틀의 실 끊어 던져버려야 하리니,
아름다운 바위에 사신이 타던 뗏목이 남아 있으리.

146) 使者槎(사자사) : 사자의 뗏목. 여기서는 황하의 근원을 찾아 뗏목을 타고 떠났다
는 전설을 가리킨다. 전설에 따르면 한무제의 명을 받은 장건(張騫)이 황하의 근원
을 찾기 위해 뗏목을 타고 가던 중 어떤 곳에 이르렀는데, 방안에 베 짜는 여인이
있었고 또 한 남자가 소에게 물을 먹이고 있는 것이 보였다. 장건이 여기가 어디
냐고 묻자 '엄군평(嚴君平)'에게 물어보면 알 것이라고 하면서 베틀을 괴는 지기석
(支機石)을 건네주었다. 촉으로 와서 엄군평에게 묻자 그는 모월 모일에 객성(客星)
이 견우와 직녀성을 침범하였다고 답하였다. 《荊楚歲時記(형초세시기)》와 《박물
지(博物志)》에 이 이야기가 실려 있다. 이 일은 "승사(乘槎)" 혹은 "부사(浮槎)"라
는 단어로 시문에 자주 등장한다.

七夕五首 其三

龍媒鵲駕¹⁴⁷⁾隔年期, 猶勝人間怨別離.
百子池邊漢宮戱¹⁴⁸⁾, 同心五綵合歡絲.

칠석 5수, 제3수

용으로 매파를 삼아 오작교에서 해마다 만나니,
오히려 인간세상의 원망에 찬 이별보다 좋으리
여러 아이들 연못가에서 꼭두각시놀이를 하고
오색 실로 함께 행복하자 매듭을 묶네

147) 鵲駕(작가) : 오작교.
148) 宮戱(궁희) : 꼭두각시놀음의 한 종류.

七夕五首　其四

盈盈玉水[149]七襄[150]帷，隱隱星光爛九枝[151].
霧散滿庭芳桂落，雲踈天漢絳河[152]低.

칠석 5수, 제4수

찰랑찰랑 맑은 물에 직녀성 드리우고
은은한 별빛은 찬란한 구지등처럼 화려하네
안개 흩어진 정원에 향기로운 계화 떨어지고
구름 흩어진 하늘에 은하수 낮게 드리웠네

149) 玉水(옥수) : 옥이 나오는 물. 강의 이름.
150) 七襄(칠양) : 직녀성. 직녀성이 밤낮으로 일곱 번 이동한 위치.
151) 九枝(구지) : 구지등(九枝燈), 즉 아홉 갈래진 등.
152) 絳河(강하) : 은하수.

七夕五首 其五

瓜果佳辰星斗[153]垂，黃姑[154]織女喜追隨.
只愁天上沈明鏡，兩地新愁似昔時.

칠석 5수, 제5수

과일 풍성한 좋은 시절에 별이 드리우고
견우와 직녀는 즐겁게 서로 따라가네
다만 하늘 위 밝은 달이 잠길까 두려우니
두 곳에서 새로 돋는 시름 지난날과 비슷하네

【해제】 견우직녀가 일 년에 한번 만난다는 칠석에 지은 시로 5수의 연작시로
되어있다. 칠석은 우리에게 따로 떨어진 견우와 직녀의 애틋한 이별로만 알려져
있지만, 중국에서는 전통적으로 부녀자들의 바느실 솜씨를 기원하는 걸교(乞巧)
행사가 있었고, 다산을 기원하며 직녀에게 과일을 정성껏 바치기도 했다. 서원의
이 칠석시는 여러 가지 칠석의 민속 행사를 다루면서도 마지막 시에서는 애틋한
이별의 정을 말하여 서정성을 놓지 않았다.

153) 星斗(성두) : 하늘의 별. 북두성.
154) 黃姑(황고) : 견우성.

七夕望家報不至有感

空城蕭瑟絳河迢, 夜淨寒空松影高.
憶殺蓴鱸155)秋色遠, 朝來塞外進葡萄.

칠석에 집안 소식을 기다려도 오지 않아 감회에 젖어

텅 빈 성은 쓸쓸하고 은하수는 아득한데
고요한 밤 싸늘한 하늘 솔 그림자 길구나!
가을 빛 멀어지니 고향이 사무치게 그리운데
아침이 되니 변방에서 포도를 들여오네

【해제】 칠석 명절을 맞아 고향 소식이 더욱 궁금해지는 내용을 담았다. 이때 서원은 계속하여 남편과 함께 운남에 있었던 것으로 보인다. 변방에서 포도가 들어오는 장면을 포착하여 이역의 느낌을 잘 전달하고 있다.

---

155) 蓴鱸(순로) : 순챗국과 농어회. 고향을 잊지 못하고 그리워하는 정을 이르는 말. 중국 진나라의 장한(張翰)이 자기 고향의 명물인 순챗국과 농어회를 먹으려고 관직을 사퇴하고 고향으로 돌아갔다는 고사에서 유래.

聞邊城兵靜喜賦三首 其一

象譯156)頻平信使157)供，哀牢158)樹色影金墉159).
樓船160)久息昆池161)戰，明月常淸十九峯162).

변방에 전투가 끝났다고 들어 기뻐하며 3수, 제1수

변방 국가들 거의 평정되었다고 사신이 알려주고
애뢰 지역의 수목의 경치 견고한 성과 어우러지네
곤명지의 전투로 오랜 동안 배가 뜨지 못해도,
밝은 달은 창산(蒼山) 열아홉 봉우리를 늘 맑게 비추네.

156) 象譯(상역) : 통역. 사방의 나라.
157) 信使(신사) : 편지를 전달하는 사람. 사신
158) 哀牢(애뢰) : 운남성과 미얀마 북부 사이의 지역.
159) 金墉(금용) : 견고한 성벽.
160) 樓船(루선) : 갑판에 특별히 거대한 건축물이 있어 누각처럼 보이는 배.
161) 昆池(곤지) : 운남성 곤명에 있는 연못.
162) 十九峯(십구봉) : 운남 대리 창산(蒼山)의 열아홉 봉우리를 말한다.

聞邊城兵靜喜賦三首 其二

槍槍[163]已沒碧天賒, 滇苑[164]春紅萬樹花.
千斛葡萄歸玉帳[165], 將軍龍石在龜沙[166].

변방에 전투가 끝났다고 들어 기뻐하며 3수, 제2수

혜성 이미 사라지고 푸른 하늘만 남았는데
운남의 정원에는 봄이 와 나무마다 꽃이 붉어라!
수많은 포도가 대장군의 장막으로 들어가는데
장군의 공적비가 구자국에 세워졌기 때문이라네

163) 槍槍(참창) : 혜성.
164) 滇苑(전원) : 운남성에 있는 정원.
165) 玉帳(옥장) : 옥으로 장식한 장막. 대장군이 거처하는 장막. 대장군.
166) 龜沙(구사) : 구자국(龜玆國), 지금의 신장 쿠차(庫車) 일대. 장군의 용석은 이 지역
    까지 평정되었다는 영토의 표지인 듯함.

聞邊城兵靜喜賦三首 其三

兵戈消盡減征車, 不用長城建虎牙[167].
細柳營[168]閒征戍臥, 任敎捲葉作吹笳.

변방에 전투가 끝났다고 들어 기뻐하며 3수, 제3수

전쟁 다 끝나 전차가 줄어드니
만리장성에 용사를 세울 필요가 없네
세류영 한가로워 병사들 누워 쉬며
멋대로 잎사귀를 말아 피리를 부네

【해제】 운남 지역에 있을 때 지은 시로 지역 전쟁이 끝난 것을 기뻐하고 있으며,
연작시 3수로 되어있다. 제 1수는 전란이 끝난 상황을 이제 막 보고받고 나자
안도하게 되는 심경을 노래했다. 제 2수는 전란이 그친 후 하늘은 푸르고 정원에
꽃이 붉어 기쁜 마음을, 제 3수에서는 더 이상 병사들이 노역에 시달릴 필요가
없는 상황을 노래했다. 창산 열아홉 봉우리에 비치는 달빛, 포도, 구자(龜玆) 등
의 표현으로 지역의 특징을 드러내었다.

167) 虎牙(호아) : 호랑이 이빨. 장수. 용사.
168) 細柳營(세류영) : 한나라의 유명한 장군이자 전략가였던 주아부(周亞夫)가 세류[細
    柳, 지금의 함양시(咸陽市) 서남]에 주둔시켰던 부대.

滇南別馬夫人三首 其一

萬里相看萬里愁, 悤悤169)此日暫淹留170).
夜深明月空山落, 遠岸猿聲江上舟.

운남에서 마부인을 이별하며 3수, 제1수

만리 밖에서 서로 바라보며 만리에 걸친 근심
오늘 잠시 만나 머물다 또 총총히 떠나갑니다
밤 깊어 밝은 달은 텅 빈 산으로 지고
먼 기슭 원숭이 소리, 강 위에의 배

169) 悤悤(총총) : 매우 급하다.
170) 淹留(엄류) : 머물다. 은퇴하다.

滇南別馬夫人三首 其二

滇南塞北[171]路漫漫, 青草隋堤[172]曲幾灣.
搖曳[173]孤帆盼津樹, 夜來風雨在空山.

운남에서 마부인을 이별하며 3수, 제2수

운남에서 새북까지 가는 길은 아득한데
청초 돋아난 수양제의 제방은 몇 굽이인지요?
흔들거리는 외로운 돛배에서 나루터 나무를 바라보니
밤이 와 비바람이 텅 빈 산에 몰아칩니다

171) 塞北(새북) : 만리장성 북방.
172) 隋堤(수제) : 하남성 개봉 변하(汴河) 일대에 있는 수양제 시절에 쌓은 제방.
173) 搖曳(요예) : 흔들리다. 소요하다.

滇南別馬夫人三首 其三

石頭城[174]下水悠悠, 芳草春湖字莫愁[175].
記得昔時花笑處, 今來烟霧鎖重樓.

운남에서 마부인을 이별하며 3수, 제3수

석두성 아래로 강물 유유히 흐르는데
방초 무성한 봄 호수의 이름은 막수라지요!
지난 날 꽃을 보며 웃던 곳 기억하는지
지금쯤 안개가 층층 누각에 자욱하겠지요!

【해제】 운남에서 마부인을 이별하며 쓴 시로 연작시 3수로 되어있다. 제 1수는
만리 밖 먼 곳으로 마부인을 떠나가게 되는 석별의 정을, 제 2수는 떠나갈 행선
지를 상상하며 버드나무 우거진 개봉의 변하(汴河)를 떠올리고 있다. 제 3수는
앞으로 돌아갈 남경의 석두성과 막수호를 떠올리면서 헤어진 뒤 안개만 누각에
가득하여 미래가 불투명한 것을 표현했다.

---

174) 石頭城(석두성) : 남경시 서쪽 청량산(淸涼山)에 있으며, 삼국시대 오나라시대에 쌓
    은 성. 남경을 지칭.
175) 莫愁(막수) : 남경 진회하(秦淮河) 서쪽에 있는 호수.

行淸溪洞176)有感三首　其一

溪山靈壑舊仙家,　雙樹靑枝印寶花177).
功德定河流八解178),　法歸淨土聽三車179).

청계동을 지나다 감회에 젖어 3수, 제1수

신령스런 계곡과 산은 옛날 신선의 거처
두 그루 푸른 가지에 보배로운 꽃이 피었네
공덕의 큰 강물은 여덟 가지 해탈의 길로 흘러가니
정토로 귀의하여 큰 가르침을 들으려 하네

176) 淸溪洞(청계동) : 운남성 동북부 곡정시(曲靖市)에 있는 동굴.
177) 寶花(보화) : 진귀한 꽃.
178) 八解(팔해) : 여덟 가지 해탈. 번뇌의 속박에서 벗어나는 8가지 선정(禪定).
179) 三車(삼거) : 소 수레, 사슴 수레, 양 수레. 《법화경(法華經)》에서 나왔으며, 대승
　　　(大乘)인 보살승(菩薩乘), 중승(中乘)인 연각승(緣覺乘), 소승(小乘)인 성문승(聲聞乘)
　　　을 비유.

行淸溪洞有感三首　其二

六劫[180]塵中度歲華[181]，　三途[182]苦海寄生涯.
若從心境[183]窺塵境[184]，　無碍心中見佛牙[185].

청계동을 지나다 감회에 젖어 3수, 제2수

끝없이 윤회하는 티끌세상에서 세월을 보내고
생사윤회라는 끝없는 고통의 바다에 생애를 기탁했네
청정한 마음으로 속세의 삶을 살피면
걸림 없는 마음속에서 부처를 만나리라!

---

180) 六劫(육겁) : 이 세계가 생성되어 소멸하기까지의 6단계의 기간을 말한다. 1겁은 천지가 개벽한 때부터 다음 개벽할 때까지의 기간을 말한다.
181) 歲華(세화) : 세월.
182) 三途(삼도) : 성문(聲聞)이나 보살(菩薩)이 수행하는 과정의 세 단계로 견도(見道), 수도(修道), 무학도(無學道). 생사윤회하는 인과에 대한 세 가지 모양으로 번뇌도(煩惱道), 업도(業道), 고도(苦道).
183) 心鏡(심경) : 청정한 마음. 마음의 거울.
184) 塵境(진경) : 현실 세계.
185) 佛牙(불아) : 석가모니의 치아 사리. 부처를 의미.

行淸溪洞有感三首 其三

寂寞風簷草砌畦，淸溪曲曲泛溪沙.
浮烟露月山籠碧，空谷仙留萼綠華[186].

청계동을 지나다 감회에 젖어 3수, 제3수

쓸쓸히 처마에 바람 불고 섬돌에는 풀이 돋아
맑은 계곡 굽이굽이 모래사장 드러나 있네
이슬 내리는 달밤 산은 푸르스름하게 안개에 잠기고,
텅 빈 계곡 신선이 녹매화를 남겨놓았네

【해제】 운남의 청계동을 방문하며 느낀 감회를 피력한 연작시 3수이다. 제 1수에
서는 공덕, 정토, 해탈, 윤회, 생사, 부처 등의 단어를 통해 불교적 깨달음을 추구
하였음을 보여주었다. 특히 제 1수의 "두 그루 푸른 가지"나 제 3수의 "섬돌에는
풀이 돋아"와 같은 생생한 표현을 통해 추상적 교리 설명을 벗어나 생사의 윤회
에 대한 감회를 자연을 통해 직접적으로 전달하는데 성공하였다. 다만 제 3수에
도교의 "악록화(萼綠華)"가 함께 등장하는 것으로 보아 서원은 이 시에서 불교라
는 특정 종교에 심취하기 보다는 불교와 도교에 공통적으로 보이는 해탈과 초월
을 추구하였던 것으로 보인다.

186) 萼綠華(악록화) : 전설의 도교 여신선으로 20여세에 청의를 입었다. 녹매화(綠梅花)
　　라고도 한다.

別馬小夫人二首 其一

星軺187)早發望巍坡, 回首高居188)影黛螺189).
天外美人屛外夢, 銷魂190)偏是別離多.

마소부인을 이별하여 2수, 제1수

멀리 온 우리의 수레는 일찍 높은 언덕 향해 출발하여
고개 돌려 바라보니 그대 거처가 푸른 산에 아른거리네
하늘 밖 미인을 병풍 앞 꿈에서 만날 터이니
마음 아득해지는 것은 이별이 잦기 때문이지

187) 星軺(성초) : 사신이 타는 수레. 사신. 여기서는 관직으로 먼 운남까지 오게 된 남
    편 범윤림(范允臨) 및 함께 한 자기 자신을 가리키는 것으로 보았다.
188) 高居(고거) : 높은 곳에 위치하다. 타인의 거처.
189) 黛螺(대라) : 소라 모양의 눈썹 먹. 푸른 산봉우리.
190) 銷魂(소혼) : 넋이 나가다.

別馬小夫人二首 其二

霞分雲集度離歌, 搖落[191]參辰[192]隔絳河.
莫怨風帆歸去促, 儂家自是戀蓴鱸.

마소부인을 이별하여 2수, 제2수

노을 흩어지고 구름 모여들며 이별의 노래 들리는데,
몰락한 삼성과 진성은 은하수를 사이로 떨어져있네.
바람 받은 돛배 돌아가길 재촉한다 원망치 마오!
나도 본래 순챗국과 농어회를 좋아했다오.

【해제】 운남에서 마소부인(馬小夫人) 즉, 마씨의 첩을 이별하여 쓴 것이다. 제
1수에서 제 1, 2구는 길을 떠나며 마소부인이 살던 곳을 아쉽게 바라보는 장면을
그리고 있다. 3구와 4구는 시인이 앞으로도 그녀를 그리워하게 될 것이라고 말한
것이다. 제 2수는 기회만 주어지면 자신도 빨리 고향으로 돌아가야 할 몸이라는
것을 밝혔다. 제 2구의 두 별은 각각 서원과 마소부인을 가리킨다.

191) 搖落(요락) : 영락하다. 시들어 떨어지다.
192) 參辰(삼진) : 삼성(參星)과 진성(辰星)으로 각각 동쪽과 서쪽에 있어 출몰할 때 서
　　로 만나지 못하므로 단절을 비유.

行山中看雨後花四首 其一

霧帳撩烟浸碧砂, 微風滑雨軃雲芽.
濕陰滿徑青苔薄, 無數香抽百合花.

산속을 지나다 비온 뒤의 꽃을 보고 4수, 제1수

안개 자욱하게 피어나 푸른 모래사장을 뒤덮고
산들바람, 가랑비, 두텁게 드리운 구름
축축한 길마다 푸른 이끼 얇게 피어나고
물씬한 향기가 백합꽃에서 풍겨오네

行山中看雨後花四首 其二

水滌砂磯走竹蛇[193], 瀾生石足跳蝦蟇[194].
朝來梅雨翻紅藥[195], 飛亂金錢[196]夜落花.

산속을 지나다 비온 뒤의 꽃을 보고 4수, 제2수

물에 씻긴 자갈밭을 살모사가 기어가고
물결 찰랑이는 돌 아래 개구리가 뛰어간다
아침에 장마 비 내려 붉은 작약꽃 뒤집어지고
금전화에 어지러이 날려 밤에 꽃잎이 떨어지네

193) 竹蛇(죽사) : 살모사.
194) 蝦蟇(하마) : 개구리와 두꺼비.
195) 紅藥(홍약) : 작약.
196) 金錢(금전) : 금전화(金錢花)를 지칭. 여름 국화라고도 하며 둥글고 노란색의 꽃이
     핀다.

行山中看雨後花四首　其三

遠浦沙平蔓草遮, 雨中深樹見人家.
當壚197)少女臨粧罷, 雙鬢斜飛金雀花198).

산속을 지나다 비온 뒤의 꽃을 보고 4수, 제3수

먼 포구 평평한 모래사장에는 덩굴이 덮여있고
빗속의 무성한 나무 사이로 인가가 보인다
술을 파는 여인은 막 화장을 마친 모습
양 귀밑에 꽂은 금작화가 비껴 날리네

197) 當壚(당로) : 술을 팔다. 로(壚)는 술 단지를 놓는 자리.
198) 金雀花(금작화) : 금작화(genista).

行山中看雨後花四首 其四

林濃綠樹可藏鴉, 野曠螢飛水竹[199]斜.
凉雨暗歸雲嶂白, 露華輕拂杜鵑花.

산속을 지나다 비온 뒤의 꽃을 보고 4수, 제4수

숲에는 녹음이 짙어 까마귀 숨을 만하고
넓은 들에 반딧불 날고 물대는 비스듬히 서있네
서늘한 비 어느덧 그치니 구름 낀 봉우리는 하얗고
이슬방울은 진달래 꽃잎 위를 가볍게 스치네

【해제】 산길을 가다 비 가 개인 뒤의 꽃을 보고 쓴 4수의 연작시이다. 사물의 생기를 포착하는 서원의 개성이 잘 드러나 있다. 특히 주목되는 것은 제 2수와 3수이다. 제 2수는 살모사, 개구리, 작약 꽃과 더불어 낙엽과 지는 꽃을 함께 말하였다. 수많은 물상들이 한꺼번에 쏟아져 등장하고 있지만, 번잡스럽기 보다는 비 온 뒤 특유의 넘치는 생명력이 움직이는 경물들을 통해 전달되고 있다. 제 3수는 각도를 조금 달리 하여 비가 그친 뒤 멀리 눈에 들어오는 경치를 그렸다. 빗 기운에 가려있던 시야가 확보되면서 덩굴에 덮인 모래사장과 나무 사이로 인가도 바라다 보인다. 제 3수의 후반 2구는 인물로 시선이 옮아갔다. 단장을 마친 술파는 여인의 모습을 클로즈업 시켰다. 두 귀밑머리 사이로 비스듬히 금작화를 늘어뜨린 여인의 모습이 눈에 보일 것 같다.

199) 水竹(수죽) : 물대.

題飛雲洞200)二首 其一

玉柱浮棲結片寥201), 石雲朶朶翠光搖.
瓊膏202)細湜苔凝碧, 簷外寒飛素練濤.

비운동을 읊어 제1수

옥기둥 떠있는 곳은 이어진 곳 하나 없고
바위틈 구름은 송이송이 파란 빛이 일렁이네
맑은 물 곱게 뿌려져 이끼는 짙푸르고
처마 밖으로 흰 비단 같은 물결이 차갑게 날리네

---

200) 飛雲洞(비운동) : 귀주성 황평현(黃平縣)에 있는 명승지.
201) 寥(료) : 텅 비다. 텅 빈 계곡.
202) 瓊膏(경고) : 봉래산에서 산출된다는 신화에 나오는 옥고(玉膏). 눈이 녹은 차가운
     물.

題飛雲洞二首 其二

蠻洞深沈樓閣重, 雲峰嫋嫋²⁰³⁾玉芙蓉²⁰⁴⁾.
苔封石蘚巖飛翠, 山鳥山花次第逢.

비운동을 읊어 제2수

오랑캐 사는 깊은 계곡에 누각이 첩첩하고
구름 낀 봉우리 아름다운 모습은 옥부용 같아라!
이끼로 뒤덮인 바위는 푸른빛이 가득하고
산새와 산에 핀 꽃을 차례로 만난다네

【해제】 비운동 계곡을 노래한 시로 연작시 2수로 되어 있다. 신선 세상의 청정수를 뜻하는 경고(瓊膏)와 백옥 같은 부용꽃을 의미하는 옥부용(玉芙蓉) 등의 단어로 낯선 풍경을 대하는 신선한 감각을 표현했다.

---

203) 嫋嫋(뇨뇨) : 사뿐하고 아름답다. 휘날리다. 산들거리다. 뒤엉키다. 향기를 발산하다.
204) 玉芙蓉(옥부용) : 백옥 빛의 부용꽃.

飛雲閣禮大士[205]

簇簇空雲芝蓋[206]飄, 一灣蹊徑駕扶搖[207].
鳴飛瀑布千重雪, 吹落層崖似海潮.

비운각에서 스님께 예불을 드리다

송이송이 하늘의 구름은 수레 덮개가 나는 듯하고
한 굽이 오솔길을 회오리바람처럼 올라간다
포효하며 휘날리는 폭포는 천 겹의 눈처럼
층층 절벽에 떨어져 파도가 치는 듯하네

【해제】 비운동에 있는 누각 주변의 풍광을 노래하였다. 폭설 같고, 거친 파도
같다는 표현을 통해 휘날리는 폭포의 웅장한 모습을 상상해 볼 수 있다.

205) 大士(대사) : 덕행이 고상한 사람. 부처와 보살.
206) 芝蓋(지개) : 수레 덮개. 영지모양으로 생겨 이렇게 불림.
207) 扶搖(부요) : 회오리바람. 비등하다.

題贈趙四夫人壽圖

春雲雙鬢玉精神, 下得崑崙日採眞[208].
聞道錦堂臨設帨[209], 筵前親作獻花人.

조사부인에게 준 축수도를 읊어

두 귀밑머리 구름 같고 마음은 옥과 같아
곤륜산으로 내려가 매일 참된 경지를 추구하네
화려한 집안에 생신잔치가 열렸다고 들어
연회에서 몸소 꽃을 바치는 사람이 되었네

【해제】 조사부인은 조환광(趙宦光)의 아내로 당시 서원과 친분이 깊었던 육경자
(陸卿子)를 말한다. 당시 그녀의 생일을 맞아 장수를 기원하는 그림을 선물하면서
이와 함께 시를 지어 보낸 것으로 보인다.

208) 採眞(채진) : 천성에 따라 살다. 참된 경지를 추구하다.
209) 設帨(설세) : 여인의 생일. 고대에 딸이 태어나면 방문 오른편에 수건을 걸어놓았
   다고 함.

賢姪娘子以扇索書戲占口號二首 其一

漫將紈扇索新詩, 愧我才踈格調卑.
筆底蠅頭210)隨意拂, 墨稀幾點黑離離211).

어진 여조카가 부채에 글을 써 달라하여 바로 시를 읊어 2수, 제1수

스스럼없이 비단 부채에 시를 써 달라하지만
내 재주 모자라고 격이 낮아 부끄럽다네
붓 휘둘러 작은 글자 멋대로 쓰고 나니
먹으로 점 몇 개 찍은 듯이 거무스름하네

210) 蠅頭(승두) : 파리의 머리처럼 작은 글자. 작은 명리.
211) 黑離離(흑리리) : 거무스름하다.

賢姪娘子以扇索書戲占口號二首 其二

墨花飛亂點蒲葵212), 老眼糢糊禿穎213)遲.
笑擲山村痴老嫗, 不堪持去換鵞兒214).

어진 여조카가 부채에 글을 써 달라하여 바로 시를 읊어 2수, 제2수

묵화 어지러이 날리도록 부채에 글을 썼지만
노안 흐릿하고 졸필 더디게 나아가네
산촌의 어리석은 할미 솜씨라 웃고 버려둘 일
가져다 거위와 바꾸지는 못하리라!

【해제】 어린 여조카의 요청에 답하여 부채 위에 쓴 시로, 연작시 2수로 되어있다. 시인은 자신을 '산촌의 어리석고 늙은 할미'라고 칭하였으며, 노안이 와서 글씨가 더욱 졸렬하다고 말한다. 서원은 대부분의 시에서 감정이 절제된 채 객관 경물만 묘사하는 편인데 반하여, 이 시에서는 조카에게 느끼는 친근한 감정이 잘 표현되어 있다.

212) 蒲葵(포규) : 포규, 부채를 만들기도 하는 종려나무의 일종.
213) 禿穎(독영) : 독필(禿筆), 졸필.
214) 換鵞兒(환아아) : 거위와 바꾸다. 왕희지가 거위를 좋아하여 도사에게 《도덕경(道德經)》을 써주고 거위와 바꾸었다고 함.

贈美人 幷序

琵琶美人淸瘦比梅花,　賦此以贈,　令梅精見之,　不當移置雕闌碧
檻215)耶.

壽陽宮裡競新粧216),　彷彿衣分荀令香217).
不用曲中怨搖落,　定交218)春色護東皇219).

미인에게 드림 병서

비파를 안은 미인이 매화만큼 맑고 수척하여, 이 시를 지어 증정하여 매화와
같은 정신을 드러내고자 하니, 화려한 장식이 있는 건물에 옮겨 두어서는 안
될 것이다

수양궁에서 다투어 새로운 화장을 하니
옷자락에선 순욱(荀彧)과 같은 향기가 풍기네
곡조에 시들어 떨어지는 원망을 담지 마시고
봄빛과 어울려서 봄의 신령을 보호하시기를

【해제】 비파를 안은 여인의 매화처럼 아름다운 모습을 칭송한 시이다. 시 속의
여인은 여성이면서 동시에 매화를 겸하고 있다. 매화락이라는 곡조처럼 시들어
떨어지지 말고 봄빛과 사귀어 봄의 신령을 지켜줄 것을 당부하였다.

215) 雕闌碧檻(조란벽함) : 화려하게 조각하여 채색한 기둥과 푸른색의 난간.
216) 壽陽粧(수양장) : 남조 송 무제(武帝)의 딸 수양공주(壽陽公主)가 함장전(含章殿)의
　　　처마 아래에 누워있을 때, 매화가 이마에 떨어져 달라붙었으며, 이후 '매화장'이라
　　　는 화장법이 생겨나 여인들이 다투어 흉내를 냈다고 한다.
217) 荀令香(순령향) : 순욱(荀彧). 향을 휴대하여 앉은 자리마다 향기가 사흘간 풍겼다
　　　고 한다.
218) 定交(정교) : 벗을 사귀다.
219) 東皇(동황) : 천신 동황태일(東皇太一). 봄을 관장하는 신령.

寄女姪哭其先慈[220]六絶 其一

南國珠潛海月微, 綠窓人去掩雙扉.
秋風亂落金梧影, 楚些[221]空歌魂未歸.

돌아가신 어머니를 애도하는 여조카에게 부쳐 6절구, 제1수

남국에 구슬 잠기고 바다에 떠오른 달 희미한데
녹창에 사람 떠나니 두 짝 사립문은 닫혔네
가을바람에 어지러이 떨어지는 시든 오동잎 그림자
초혼가 불러도 헛되이 혼은 돌아오지 않누나!

---

220) 先慈(선자) : 돌아가신 어머니.
221) 楚些(초사) : 초혼가를 지칭. 《초사 · 초혼(楚辭 · 招魂)》은 초나라 민간의 초혼가
　　를 모방하여 쓰여 구절의 끝에 "사(些)"자가 있다.

寄女姪哭其先慈六絶 其二

蕙幃222)風曳珮聲沈, 斷續文簫夜色深.
茱匣223)粉殘花閣閉, 麝臍香224)冷鳳凰衾.

돌아가신 어머니를 애도하는 여조카에게 부쳐 6절구, 제2수

화려한 휘장 바람에 끌리고 패옥 소리 나지막한데
밤은 깊어가고 끊어졌다 이어지는 아름다운 퉁소 소리
비단 상자에 분가루 없어지고 꽃 피어난 누각은 닫혀
봉황 금침에 사향의 향기가 싸늘하네

222) 蕙幃(혜위) : 혜장(蕙帳), 장막의 미칭.
223) 茱匣(수갑) : 수유를 넣는 갑. 직금(織金)의 일종인 수유금(茱萸錦)으로 만든 상자.
224) 麝臍香(사제향) : 사향노루 배꼽의 향, 즉 사향.

寄女姪哭其先慈六絶 其三

蘭香²²⁵⁾何意謫人間, 張碩²²⁶⁾絲牽²²⁷⁾宿有緣.
三十六旬花過眼²²⁸⁾, 又隨孤鶴向蒼烟.

돌아가신 어머니를 애도하는 여조카에게 부쳐 6절구, 제3수

두란향은 어찌하여 인간 세상으로 귀양 와
장석과 정을 맺었으니 묵은 인연이 있었나?
1년 360일 순식간에 눈앞을 스쳐가
또 외로운 학을 따라 푸른 구름을 향해갔네

---

225) 蘭香(난향) : 두란향(杜蘭香). 《용성집선록(墉城集仙錄)》에 나오며, 인간세계로 귀
　　양을 와서 동정호 포산(包山)의 장석(張碩)에게 시집을 왔다가 뒷날 홀로 떠나갔다
　　고 하는 선녀.
226) 張碩(장석) : 두란향과 결혼한 사람.
227) 絲牽(사견) : 사견경완(絲牽瓊腕)의 의미. 홍색의 실이나 홍색의 비단을 여인의 팔
　　에 묶는 것으로 고대에 남녀가 사랑을 약속하는 표시.
228) 過眼(과안) : 눈앞을 스쳐 지나가다.

寄女姪哭其先慈六絶 其四

蕪沒[229]蒼苔絶履綦[230], 曲房[231]花冷合歡[232]枝.
可憐油壁香車[233]路, 不似前春拾翠[234]時.

돌아가신 어머니를 애도하는 여조카에게 부쳐 6절구, 제4수

푸른 이끼에 뒤덮여 발자국 끊어지고
안방에는 꽃이 시든 합환수 가지
가련하구나! 향그런 유벽거 타던 길
지난 봄 나들이 할 때만 못하니

229) 蕪沒(무몰) : 황초 사이에 파묻히다. 사라지다.
230) 履綦(이기) : 발자국. 신발 끈.
231) 曲房(곡방) : 내실. 밀실.
232) 合歡(합환) : 야합화(夜合花). 꽃잎이 낮에 벌어지고 밤에 오므라든다.
233) 油壁香車(유벽향거) : 유벽거. 기름을 칠한 좋은 수레.
234) 拾翠(습취) : 비취 새의 깃털을 주워 머리를 장식하다. 여기서는 여인의 봄나들이
    를 지칭.

寄女姪哭其先慈六絶　其五

自挑綵縷下鳴機[235], 燦爛雲霞五色飛.
一自針神[236]歸去後, 至今誰刺六銖衣[237].

돌아가신 어머니를 애도하는 여조카에게 부쳐 6절구, 제5수

스스로 색실을 뽑아 베틀에서 내리니
찬란한 구름노을이 오색 빛으로 날아가는 듯
바느질의 신이 이제 떠나가셨으니
지금 가볍고 고운 옷은 누가 만드나?

235) 鳴機(명기) : 직기(織機) 즉 베틀을 말함.
236) 針神(침신) : 삼국시대 위나라 설야래(薛夜來)와 진랑(秦朗)의 어머니가 바느질이
　　　뛰어나 "침신"이라 불렸다 함. 바느질에 뛰어난 여인.
237) 六銖衣(육수의) : 부처나 신선의 옷. 여인이 입는 가볍고 얇은 비단 옷.

寄女姪哭其先慈六絶 其六

涅槃已証雙林238)果，優鉢239)長姸晝夜花.
泡影240)身隨朝露盡，三千一瞬熟桑麻241).

돌아가신 어머니를 애도하는 여조카에게 부쳐 6절구, 제6수

열반에 들어 이미 사라쌍수의 인과를 증명했고
우담바라 길이 아름다워 밤낮으로 꽃을 피우네
허망한 육체는 아침 이슬 따라 사라졌지만
삼천년 세월도 일순간이니 겨우 뽕과 삼이 자랐을 뿐

【해제】 어머니를 여윈 여조카의 슬픔을 위로하는 시로 연작시 6수로 되어있다.
초혼(招魂)이나 유벽거(油壁車)와 같은 단어를 통해 죽음을 표현하는 가운데 퉁소
소리, 사향 향기, 색실과 노을 등의 단어를 통해 곱고 아름다운 이미지를 구축하
였다. 애도의 뜻을 전하는 시인데도 불구하고 감각적이고 화려한 시어가 많이
등장하고 있다. 또한 돌아가신 분의 명복을 기원하기 위해 열반, 사라쌍수, 인과
등과 같이 불교용어를 통해 인간의 삶은 일순간임을 설파하며 위로의 뜻을 전하
였다.

238) 雙林(쌍림) : 즉 사라쌍수(娑羅雙樹), 부처가 열반한 장소.
239) 優鉢(우발) : 우담바라(優曇鉢花).
240) 泡影(포영) : 거품과 그림자. 헛된 희망.
241) 桑麻(상마) : 농작물. 뽕나무와 마.

送表姪女²⁴²⁾吳夫人北上二首　其一

中宵月落野烟迷，江上征帆夜影低.
岸柳靑靑總堪折，也知腸斷灞陵²⁴³⁾西.

북으로 가는 조카 오부인을 전송하며 2수, 제1수

한 밤중 달 지고 들에는 안개가 자욱한데
강위 떠가는 배 밤 그림자가 낮게 깔렸네
푸릇푸릇 기슭의 버들은 언제나 꺾을 만하니
너는 알리라! 내가 파릉의 서쪽에서 애 끊어질 것을

---

242) 表姪女(표질녀) : 부모의 형제자매의 딸.
243) 灞陵(파릉) : 한나라 문제(文帝)의 능으로 파하(灞河)의 근처에 있어 이러한 명칭이
　　붙었다. 서안시 동쪽 백록원(白鹿原)의 동북에 있다.

送表姪女吳夫人北上二首 其二

悤悤²⁴⁴⁾別語不勝情，五兩²⁴⁵⁾輕風伴客旌²⁴⁶⁾.
忍把傷心問行色，金閶門²⁴⁷⁾外是長程.

북으로 가는 조카 오부인을 전송하며 2수, 제2수

황급한 이별의 말에 감정을 이기지 못하는데
풍향계에 가벼운 바람 불어 깃발을 흔드네
아픈 심정 참으며 여정을 물었더니
금창문 밖에서 머나 먼 여정이 시작된다네

【해제】 조카 오부인을 송별하며 쓴 시이다. 제 2수에 앞으로의 여정을 묻는 대목이 나오는 것으로 보아 이 2수는 모두 헤어지기 직전에 쓴 것으로 보인다. 제1수는 버들 빛을 보고 늘 수심에 젖을 것을 예상하였고, 제 2수는 좀 더 현장감 있게 이별의 풍경을 담았다. 바람에 흔들리는 깃발과 서글픈 마음을 억누른 채 애써 여정을 물어보는 구체적인 장면을 통해 이별이 실감 있게 다가온다.

---

244) 悤悤(총총) : 총총히.
245) 五兩(오량) : 오량(五緉), 닭털을 긴 장대에 달아 풍향과 풍력을 관측하던 고대의 풍향계. 두 개가 한 쌍이 되다.
246) 客旌(객정) : 고대에 관리가 사신으로 나가거나 부임할 때 도중에 사용하는 깃발.
247) 金閶門(금창문) : 소주성의 창문(閶門). 운하가 서북에서 흘러와 풍교(楓橋)를 지나 이곳에 도달한다. 번화하여 '금(金)'자가 덧붙여졌다.

遊舅氏山樓有感二首 其一

荒徑秋深草色枯，空祠沙沒暗靈圖．
靑山一片聞歸鶴，野簜含風夜夜呼．

외숙의 산에 있는 누각을 유람하다 느끼는 바가 있어 2수, 제1수

황량한 오솔길 가을 깊어 풀은 시들고
텅 빈 사당에는 신령의 그림이 먼지에 파묻혀있네
청산에 한 조각 돌아가는 학 울음소리 들리고
들의 대나무 바람에 흔들려 밤마다 소리를 낸다

遊舅氏山樓有感二首 其二

莫將淸淚拭輕衣, 載得新愁百斛248)歸.
從此扁舟烟樹渺, 殘霞飛盡釣魚磯249).

외숙의 산에 있는 누각을 유람하다 느끼는 바가 있어 2수, 제2수

하지 마라! 가벼운 옷에 눈물을 닦아
새로운 근심 가득 싣고 돌아가는 짓을
이제 안개 낀 나무 저편으로 아득하게 배를 띄우면
낚시 바위에는 남은 노을 다 사라지리라!

【해제】 외숙의 산에 있는 누각을 유람하다가 지었다. 아마도 옛날에 와보았을
이 누각에는 이제 인적이 드물어 텅 빈 사당에 신령의 그림에는 먼지가 내려앉아
쓸쓸하다. 그러나 시인은 그저 풍광을 즐기려 하며 여기서 해묵은 수심 따위는
일으키지 말자고 다짐하였다.

248) 百斛(백곡) : 많다. 1곡(斛)은 10말, 남송 말에 5말로 변경되었다.
249) 釣魚磯(조어기) : 낚시할 때 걸터앉는 바위.

寄萬娘五首 其一

秦簫聲250)杳綵雲251)空，子夜歌252)殘玉樹253)終．
一自鳳樓254)人去後，斷腸芳草碧烟籠．

만씨 아주머니에 부쳐 5수, 제1수

진나라 피리소리 오색구름사이로 아득해지고
사랑 노래는 나무에 잦아들어 끊어져버렸네
한번 봉루에서 사람이 떠나간 뒤로
애 끊는 방초에 푸른 안개 감도는구나!

---

250) 秦簫聲(진소성) : 진나라의 피리 소리. 피리를 불어 봉의 소리를 잘 냈다는 전설의
　　소사(蕭史)는 진나라 목공(穆公)의 딸 농옥(弄玉)과 함께 신선이 되었다고 한다.
251) 綵雲(채운) : 오색구름.
252) 子夜歌(자야가) : 애정을 주제로 한 악부의 곡명으로 오언시가 많다.
253) 玉樹(옥수) : 신화에 나오는 선계의 나무. 진귀한 보배로 장식한 나무. 느티나무.
254) 鳳樓(봉루) : 궁내의 누각. 조정. 부녀자의 거처.

寄萬娘五首 其二

低垂申帳隱流蘇²⁵⁵⁾, 玉鏡愁窺鵲影²⁵⁶⁾孤.
寂寞舊家雙燕子, 春來還入畫簾²⁵⁷⁾無.

만씨 아주머니에 부쳐 5수, 제2수

낮게 드리워 펼쳐진 휘장에는 수실이 숨어 있고
수심 속에 옥거울 엿보는데 까치 그림자가 외롭네
적막한 옛집에 쌍쌍이 날던 그 제비는
봄이라고 화려한 주렴 속으로 찾아들었는지?

255) 流蘇(유소) : 오색 깃털이나 실로 만들어 아래로 늘어뜨린 수실.
256) 鵲影(작영) : 까막까치의 그림자. 전설에 애정에 충실한 까치는 반쪽의 거울이 변
　　하여 된 것이라고 한다. 여기서는 작자 자신에 비유.
257) 畫簾(화렴) : 그림이 장식된 주렴, 화려한 주렴.

寄萬娘五首 其三

梨花零落碧窓虛, 博士才情女校書258).
鳳藻259)五花260)推獨步, 綵毫261)飛送錦箋魚262).

만씨 아주머니에 부쳐 5수, 제3수

배꽃 떨어져 푸른 창가가 텅 비었는데
재기 넘치고 감정 풍부하며 박식한 재녀가 있다네
아름다운 글은 변화가 무궁해 홀로 우뚝한데
붓 휘둘러 아름다운 편지를 보내오네

258) 女校書(여교서) : 당나라 성도(成都)의 명기 설도(薛濤)는 문재(文才)가 있어 '여교
　　서'라 불렀다. 기녀를 뜻한다. 뛰어난 여인.
259) 鳳藻(봉조) : 아름다운 글.
260) 五花(오화) : 매우 변화가 다양하다.
261) 綵毫(채호) : 화려한 문필. 채색 그림을 그리는 붓.
262) 錦箋魚(금전어) : 화려하게 장식된 시전지에 쓴 편지.

寄萬娘五首 其四

團團新月照雙眉, 苔冷文絲263)絶履綦264).
靜夜錦屏蘭熘265)澁, 洞房花老合歡枝266).

만씨 아주머니에 부쳐 5수, 제4수

둥그런 보름달 두 눈에 비치고
차고 가는 이끼에는 발자국이 끊어졌네
고요한 밤 비단 병풍엔 고운 촛불 깜빡이고
합환수 가지에서 신방의 꽃은 시들어가네

263) 文絲(문사) : 아주 가늘다.
264) 履綦(이기) : 발자국.
265) 蘭熘(난도) : 촛불.
266) 合歡枝(합환지) : 합환수의 가지. 합환수는 낮에는 벌어졌다가 밤에 오므라들어 "야
    합화(夜合花)"라고도 한다.

寄萬娘五首 其五

蒼梧267)雲冷洞庭秋，漢水268)悠悠一望愁.
夜月蒹葭寒露白，倦聽哀鴈過汀洲.

만씨 아주머니에 부쳐 5수, 제5수

창오산의 구름 차갑고 동정호에는 가을이 왔는데
한수는 아득하여 바라보면 근심스럽네
밤에 달이 떠 갈대에는 찬 이슬 하얗게 빛나는데
모래사장 지나는 구슬픈 기러기 소리 지겹게 들려온다

【해제】 만씨 아주머니에게 보내는 시로 5수의 연작시로 외롭게 살아가는 아주머
니의 외로운 처지를 동정하고 있다. 규방에 사람이 떠나갔다거나 차갑고 가느다
란 이끼에 발자국도 없다는 표현은 님의 부재를 뜻한다. 또한 제 3수에서는 재주
가 뛰어난 기녀를 칭찬하는 의미로 쓰이는 여교서(女校書)라는 표현을 쓰고 있어,
만씨 아주머니는 나이든 기녀라고 추정된다. 이 시를 통해 시인이 사대부 집안의
여성이면서도 재주를 갖춘 기녀에 대해 솜씨를 인정하고 시를 주고받을 만큼
폭넓은 교제를 했음을 알 수 있다.

267) 蒼梧(창오) : 창오산(蒼梧山), 즉 구의산(九嶷山)으로 호남성 남부 영주시(永州市)에
    있으며 북으로 형악(衡岳)과 연결된다.
268) 漢水(한수) : 섬서성 서남에서 발원하여 동남으로 흘러 섬서성, 호북성 서부와 중
    부를 거쳐 무한(武漢)에서 장강으로 들어가는 강.

壽仇母五襄

洞口烟波[269]歲月長, 胡麻[270]吹熟憶劉郎[271].
一從望杳仙人珮, 分得靑囊[272]肘後方[273].

구씨 아주머니 오양의 생신을 축하하며

안개 자욱한 마을 어귀에서 살아온 긴 세월
깨가 익을 때마다 떠나간 님을 그리워했지
선인의 패옥소리 아득히 멀어진 뒤로부터
청낭에서 '주후방'을 나누어 받으셨다네

【해제】 구씨 아주머니 오양은 서원의 지인으로 보인다. 시의 내용으로 보아 이 여인도 나이든 기녀이거나 여도사였던 것으로 생각된다. 님은 부재하지만 도가의 수련으로 장생을 얻었음을 축하하고 있다.

---

269) 烟波(연파) : 안개 자욱한 수면.
270) 胡麻(호마) : 깨의 총칭.
271) 劉郎(유랑) : 떠난 님을 지칭함. 동한 명제(明帝) 영평(永平) 5년에 유신(劉晨)과 완조(阮肇)가 약초를 캐러 산에 갔다가 길을 잃고 두 여인을 만나 호마반(胡麻飯), 즉 깨밥을 대접받으며 반년 동안 머물다 돌아왔는데 속세는 이미 7대가 지났다고 한다.
272) 靑囊(청낭) : 의서를 넣는 포대. 의사.
273) 肘後方(주후방) : 동진 갈홍(葛洪)이 저술했다는 민간의 치료법을 모은 의학서적의 명칭.

泛舟翫芙蓉偶成三首 其一

薰風蕩槳泛湖船, 香細塘陰競採蓮.
浦口雲光274)吹作電, 白霞飄盡是長天.

배 띄워 연꽃을 감상하다 우연히 지어 3수, 제1수

훈풍에 노를 젓네, 호수에 배를 띄우고
향기 희미한 연못 그늘에서 다투어 연밥을 따네
포구에 구름 사이로 비친 빛이 번쩍이더니
흰 노을 다 날아가고 끝없는 하늘단 남았네

274) 雲光(운광) : 구름 사이로 비치는 햇살. 미녀 머릿결의 광채.

泛舟翫芙蓉偶成三首 其二

輕舠小小捕魚還, 遠岸淸溪曲幾灣.
葉底羅裙花底艶, 荻蘆深處碧烟環.

배 띄워 연꽃을 감상하다 우연히 지어 3수, 제2수

작은 가벼운 배가 고기 잡아 돌아오며
먼 기슭 맑은 계곡을 몇 굽이나 돌았나?
잎은 비단 치마, 꽃은 요염한 얼굴인데
갈대 무성한 곳, 푸른 안개에 감겨있네

泛舟翫芙蓉偶成三首 其三

館娃[275]昔日綺羅[276]妍, 越苑今看啼杜鵑.
自掛征帆五湖闊, 浪花零落若爲[277]憐.

배 띄워 연꽃을 감상하다 우연히 지어 3수, 제3수

관왜궁에는 지난날 비단처럼 고운 여인이 있었는데
월나라 정원에서 오늘 울어대는 두견을 보았네
드넓은 오호에 배를 띄운 뒤로부터
물결 속에 떠돌았으니 얼마나 가여운가?

【해제】 배를 띄우고 연꽃을 감상하며 그 풍경과 감회를 서술했다. 제 1수에서는
호수에 배를 띄우고 연꽃 핀 풍광을 바라보다 갑자기 부는 바람에 구름 한 점
없는 드넓은 하늘이 나타난 상황을 노래했다. 제 2수는 연꽃이 가득한 호수 사이
로 고기잡이 하는 배와 더불어 미녀처럼 아름다운 연꽃의 아름다움을 서술했다.
제 2수에 등장한 미인의 이미지는 제 3수에서 서시(西施)로 연결된다. 서시는
월나라의 미녀로 범려(范蠡)의 계략에 따라 부차에게 바쳐져 오나라의 관왜궁에
살았으나 훗날 오나라가 망하자 범려와 함께 오호에서 자취를 감추었다. 이제는
옛 오나라와 월나라 모두 자취를 찾아볼 길이 없다. 마치 그녀의 환영인 듯 시든
꽃만이 파도 속에 뒹굴 뿐이다. 흥망성쇠의 감회가 행간에 숨어있다.

275) 館娃(관왜) : 부차(夫差)가 서시(西施)를 위해 세웠다는 오나라의 궁전. 서시. 오나
　　　라에서는 미녀를 "왜(娃)"라고 하였다.
276) 綺羅(기라) : 귀한 비단. 비단 옷. 비단 옷을 입은 사람. 귀부인.
277) 若爲(약위) : 어떻게, 어떠한.

贈金卿雲

錢塘278)松栢鬱層層, 油壁輕車279)蘇小280)乘.
笑結同心拾香草, 更憐明月在西陵281).

금경운에게 증정하여

전당강의 송백은 층층이 울창한데
산뜻하게 단장한 수레에 소소소(蘇小小)를 태웠지
웃으며 동심결(同心結) 맺고자 향초를 주웠건만
밝은 달이 서릉을 비치니 더욱 가련하구나!

【해제】 금경운은 서원과 친분이 있었던 기녀로 보인다. 육조시대의 명기였던 소소소에 비유하여 그녀의 상황을 노래하였다. 동심결을 맺고자 하였으나 밝은 달만 서릉을 비치고 있다는 것으로 보아 금경운은 맺어지고자 한 사람과 이루어지지 못한 것으로 보인다.

278) 錢塘(전당) : 항주(杭州)를 거쳐 황해로 들어가는 강.
279) 油壁車(유벽거) : 기름을 먹인 종이로 벽을 장식한 수레.
280) 蘇小(소소) : 육조 시대 전당(錢塘)의 명기 소소소(蘇小小). 항주 서호(西湖)의 서령교(西泠橋) 옆에 묻혔다고 한다.
281) 西陵(서릉) : 서호의 서령교 옆에 있는 소소소의 무덤.

泛西湖經西陵弔蘇小小三首 其一

西陵風影澹輕陰, 幽翠282)香寒墓草深.
千古春堤杳油壁, 只今何處問同心.

서호에 배를 띄워 서릉에 들러 소소소를 애도하여 3수, 제1수

서릉의 풍경은 담담하면서 살짝 흐려
짙푸르러 향기롭고 싸늘한 무덤에는 풀이 무성해
아득한 세월, 봄날 제방에는 단장한 수레가 아련한데
지금 어디서 마음 맞는 이를 물어볼까?

---

282) 幽翠(유취) : 매우 푸르다.

泛西湖經西陵弔蘇小小三首 其二

蘇小門前啼鳥聲, 石橋東去暮潮平.
夜深弔斷凄凉月, 歲歲愁心逐草生.

서호에 배를 띄워 서릉에 들러 소소소를 애도하여 3수, 제2수

소소소가 살던 문 앞에는 새가 울고
돌다리 동쪽으로 가니 저녁 조수가 잔잔하다
밤 깊어 조문도 끊기고 달빛만 처량한데
해마다 근심은 풀 따라 돋아나네

泛西湖經西陵弔蘇小小三首 其三

風環水珮[283]已無聲, 誰跨靑驄[284]陌上行.
一段芳魂渾似結, 可憐松栢自靑靑.

서호에 배를 띄워 서릉에 들러 소소소를 애도하여 3수, 제3수

바람과 물의 장신구는 이미 소리도 없는데
누가 청총마 타고 거리를 지나가나?
한 떨기 꽃다운 넋이 뒤엉켜 맺힌 듯
가련하다, 소나무 측백나무 저만 푸르네

【해제】 소소소는 남북조시대 제(齊)나라의 이름난 기녀였으나 요절하였다고 하며. 일찍이 명문가의 자재와 사랑에 빠져 다음과 같은 시를 남긴 것으로 알려져 있다.

저는 유벽거를 타고	妾乘油壁車
그대는 청총마를 타고 있네요	郞騎靑驄馬
어디서 마음을 맺어야 할까요?	何處結同心
서릉의 소나무 잣나무 아래이지요!	西陵松柏下

소소소의 이야기와 이미지는 강렬한 인상을 남겨 이미 당나라 이하(李賀)의 시 〈소소소의 묘(蘇小小墓)〉라는 명작으로 재탄생된 바 있다. 질병에 시달리며 항상 죽음을 의식했던 시인 이하는 이미 오래전 죽은 소소소의 죽음을 애도하며 "바람은 그녀의 치맛자락, 물은 그녀의 패옥소리(風爲裳, 水爲佩)"라고 하였다. 서원은 시를 지을 때 시어에 상당히 고심했으며, 특히 독특하고 신선한 시상을 전개한

283) 風環水珮(풍환수패) : 바람으로 된 귀고리와 물로 된 노리개.
284) 靑驄(청총) : 청총마. 청색과 백색이 뒤섞인 좋은 말.

경우가 많은데, 이점은 그녀가 마음속으로 따르고자 했던 당나라 시인 이하(李賀)의 영향이었던 것으로 보인다. 서원 시집의 서문에서 전희언(錢希言)은 "다만 두보를 싫어했으며, 마음속으로 이하를 동경했다(顧獨不喜子美, 而私心向往長吉)"285)라고 한 바가 있다. 특히 제 3수의 제 1, 2구는 이하(李賀)와 소소소(蘇小小)의 시 구절을 모두 조금씩 차용하여 시를 썼다.

285) <범부인락위음서(范夫人絡緯吟敍)>에 보임.

見隣舟美人戲成三首 其一

澄湖載月共乘舟, 刻燭286)看花卜夜遊.
疑似洛妃鳴雜珮, 相携江漢287)弄珠浮288).

이웃한 배의 미인을 보고 재미삼아 읊어 3수, 제1수

달이 뜬 맑은 호수에서 함께 배를 타고
시 짓고 꽃구경하며 밤에 노닐기로 기약했네
마치 낙수의 여신이 여러 패옥을 울리는 듯
서로 손잡고 강에서 물결을 희롱하네

---

286) 刻燭(각촉) : 시를 짓는 재주가 뛰어나다. 초 한 치가 타는 사이에 4운의 시를 지
    을 수 있다는 것에서 유래.
287) 江漢(강한) : 장강과 한수(漢水)가 만나는 지역에 있는 지명.
288) 珠浮(주부) : 물보라. 물방울. 포말.

見隣舟美人戲成三首 其二

絮柳鴉黃289)隱綠堤, 相逢暫爾復相違.
相違應惜勞相憶, 見說明朝是別離.

이웃한 배의 미인을 보고 재미삼아 읊어 3수, 제2수

버들개지는 아황색으로 푸른 제방에 은은한데
서로 잠시 만났다가 다시 헤어진다네
헤어짐이 애석하여 서로 추억하지만
내일 아침이면 이별이라는 말을 듣게 되네

289) 鴉黃(아황) : 고대에 여인들이 이마에 바르는 황색의 화장 분.

見隣舟美人戲成三首 其三

輕羅曳曳²⁹⁰⁾怯春衣,　瓊戶²⁹¹⁾沈沈²⁹²⁾玉漏²⁹³⁾稀.
夜月忽聞江上笛,　長林啼鳥送人歸.

이웃한 배의 미인을 보고 재미삼아 읊어 3수, 제3수

고운 비단옷 나풀나풀 봄옷으로는 못 견디는데
깊숙한 규방엔 물시계 떨어지는 소리 희미하다
달밤에 홀로 강 위에서 피리소리 들려오는데
넓은 숲에서 우는 새는 돌아가는 사람을 전송하네

【해제】 시에서 묘사된 상황으로 보아 우연히 뱃놀이에 나갔다가 이웃한 배에 타고 있는 미인을 보고 서로 시를 주고받은 것으로 보인다. 당시 유람이 매우 자유스러웠으며 처음 보는 여인과 서로 시를 주고받을 만큼 서원은 교제에 있어 매우 대담하고 폭이 넓었음을 알 수 있다.

290) 曳曳(예예) : 휘날리다. 느릿느릿하다.
291) 瓊戶(경호) : 옥으로 장식한 문. 화려한 거실. 여기서는 배안 선창의 미칭으로 보인다.
292) 沈沈(침침) : 깊숙하다.
293) 玉漏(옥루) : 물시계. 시간.

贈馮師母老夫人二首 其一

風霜搖落幾經秋, 何意[294]追隨湖上舟.
共話從前舊遊地, 熒熒[295]清淚共江流.

풍사의 모친 노부인께 드려 2수, 제1수

바람과 서리에 낙엽 지는 가을을 몇 번 겪으며
뜻밖에도 호수 위에서 함께 배를 탔네
지난 날 노닐던 곳 같이 이야기하며
반짝이는 맑은 눈물 강물에 흘리네

294) 何意(하의) : 왜. 뜻밖에.
295) 熒熒(형형) : 반짝이다.

贈馮師母老夫人二首 其二

蘭閨寂寂總消魂296), 風細珠簾月一痕297).
爲得故人相借問, 滿堦春草泣王孫298).

풍사의 모친 노부인께 드려 2수, 제2수

아름다운 규방은 적적하여 넋이 나갈 듯
주렴에 미풍 불고 달은 이지러졌네
지인을 만나 안부를 물었더니
만개한 봄풀에 왕손은 울고 있다고 하네

【해제】 시의 제목에 나오는 풍사는 풍씨 성을 가진 인물이며, 이 시는 그의 모친에게 드리는 시이다. 이 시 또한 뱃놀이를 나왔다가 우연히 지인을 만나게 된 것임을 알 수 있다. 마지막 구절에서 만개한 봄풀에 왕손이 울고 있다는 것은, 당시 명말의 혼탁한 상황에서 지인인 풍사의 처지가 좋지 않은 것을 암시하는 듯하다.

296) 消魂(소혼) : 기쁨이나 괴로움이 지극하다.
297) 一痕(일흔) : 한 줄기 흔적. 이지러진 달.
298) 王孫(왕손) : 귀족의 자제. 상대를 높여 부르는 말.

送遐周²⁹⁹⁾弟北上武前韻六首　其一

朝看鷁首³⁰⁰⁾發河橋, 夾谷鸎啼柳帶嬌.
淸雨³⁰¹⁾渭城³⁰²⁾分袂處, 一枝輕折最柔條.

북으로 가는 아우 하주를 전송하며 앞의 운을 이어 6수, 제1수

아침에 강가에서 출발하는 배를 보았는데
양쪽 기슭에 꾀꼬리 울고 버들은 교태롭네
맑은 비 내리는 위성, 이별의 장소에서
가장 부드러운 한 가지 가볍게 꺾네

299) 遐周(하주) : 하주(遐周)는 동사장(董斯張, 1587-1628)의 자(字)이다. 서원의 남편 범
　　윤림(范允臨, 1558-1641)의 친척으로 사(詞)에 뛰어났으며, 저서에 《정소재사(靜嘯
　　齋詞)》가 있다. 동사장과 범윤림은 동기창(董其昌)과도 친하게 지냈다.
300) 鷁首(익수) : 뱃머리. 배. 고대에는 익조를 뱃머리에 그려 장식했다고 함.
301) 淸雨(청우) : 맑은 비. 맑고 차가운 비.
302) 渭城(위성) : 섬서성 함양시(咸陽市) 남부에 있는 지역. 당나라 시인 왕유(王維)가
　　"서쪽으로 양관을 나서면 더는 아는 사람 없으니(西出陽關無故人)"라고 노래했던
　　장소이다. 여기서는 이별의 장소라는 상징적인 의미로 쓰였다.

送遐周弟北上武前韻六首　其二

二月春深寒未消，單衣遊子楚天遙.
忽聞別院鳴機夜，疑似金閨[303]度剪刀.

북으로 가는 아우 하주를 전송하며 앞의 운을 이어 6수, 제2수

이월 봄이 깊어도 추위 아직 가시지 않았는데
홑옷으로 떠도는 나그네 아득히 초나라 땅에 있네
갑자기 별채에서 밤에 들려오는 베틀 소리
마치 규방에서 가위질을 하는 듯

303) 金閨(금규) : 규방의 미칭. 금마문(金馬門). 조정.

送遐周弟北上武前韻六首 其三

陽關304)三唱渭河305)濆，鴻鴈天邊羽乍分．
送別豈堪回首望，盈盈靑眼306)逐征雲．

북으로 가는 아우 하주를 전송하며 앞의 운을 이어 6수, 제3수

위하 가에서 양관의 노래를 부르니
하늘 가 기러기도 서로 헤어져 날아가네
이별하고 어찌 머리 돌려 바라볼 수 있나?
정이 가득한 눈길로 떠가는 구름을 쫓아가네

---

304) 陽關(양관) : 감숙성 돈황시 서남의 고동탄(古董灘) 부근 옥문관(玉門關)의 남쪽에
    있는 관문.
305) 渭河(위하) : 황하의 최대 지류로서 주로 섬서성 중부를 흐른다.
306) 靑眼(청안) : 호의적인 눈빛.

送遐周弟北上武前韻六首 其四

輕裝五兩伴行人, 初月蛾眉皎似銀.
對此不須傷草色, 廣寒307)別有一枝新.

북으로 가는 아우 하주를 전송하며 앞의 운을 이어 6수, 제4수

아주 가벼운 옷차림으로 행인을 따라가는데
눈썹 같은 초승달은 하얗게 반짝이네
이런 광경 보며 풀빛에 상심하지 마시오!
광한전에 특별히 새로 한 가지가 나리니

307) 廣寒(광한) : 전설의 항아가 산다는 달속의 궁전. 달빛.

送趫周弟北上武前韻六首 其五

桃花春水木蘭舟308), 一曲驪歌309)江上樓.
此去征驂310)似弦箭311), 故園明月思悠悠.

북으로 가는 아우 하주를 전송하며 앞의 운을 이어 6수, 제5수

복사꽃 떠가는 봄물에 목란의 배를 띄우니
한 곡조 이별의 노래 강가 누각에서 들려온다
먼 길 가는 수레는 화살처럼 이곳을 떠나가니
고향의 밝은 달 바라보며 그리움만 아득해지리

308) 木蘭舟(목란주) : 목란(木蘭, 즉 목련)으로 만든 나무. 배의 미칭.
309) 驪歌(여가) : 이별의 노래.
310) 征驂(정참) : 먼 길 떠나는 나그네의 수레. 수레 끌고 먼 길을 떠나는 말.
311) 弦箭(현전) : 활시위에 걸린 화살.

送遐周弟北上武前韻六首 其六

歷歷千山聽曉鶯，灞陵烟樹總含情．
也知夜夜春宮312)裡，纖得新袍柳汁青．

북으로 가는 아우 하주를 전송하며 앞의 운을 이어 6수, 제6수

수많은 산에 새벽 꾀꼬리 소리 역력히 들리고
파릉의 안개 낀 나무마다 정이 배어있네
또한 알겠구나! 밤마다 태자궁에서
새로 얻은 고운 옷이 버들 빛으로 푸를 것을

【해제】 제목의 하주(遐周)는 동사장(董斯張)의 자(字)이며, 서원의 남편인 범윤림 (范允臨)의 친척이다. 제 1수는 이별의 장면을, 제 2수는 이별 이후 그의 아내가 그를 기다려 줄 것을 상상하였다. 제 3수는 이별의 노래를 부른 뒤에 차마 멀어 져 가는 모습을 바라볼 수 없음을, 제 4수는 하주가 수도에 가서 급제할 것을 기원하였다. 제 5수는 떠나간 사람이 이곳을 그리워할 것을, 제 6수는 그가 곧 부귀하게 될 것을 기원하였다.

312) 春宮(춘궁) : 태자가 거처하는 궁. 태자.

游龍井313)滯雨漫成三首 其一

玉液泠泠走碧沙, 芳池碎璧314)散水霞.
花深古徑啼鶯小, 黛濕雲寒染露華.

용정을 유람하다가 비에 묶여 멋대로 지어 3수, 제1수

맑은 샘물 퐁퐁 솟아 푸른 모래사장을 흘러가고
방초 피어난 연못에 옥이 깨지듯 흩어지는 빗방울
꽃 가득한 옛 길에 꾀꼬리 울음소리 희미한데
먼 산 축축하고 구름 차가워 이슬 맺힌 꽃

313) 龍井(용정) : 항주 서호의 서쪽 옹가산(翁家山)의 서북 기슭에 있는 샘.
314) 碎璧(쇄벽) : 옥벽을 깨다. 여기서는 맑은 연못의 수면이 빗방울에 부서지는 것을
　　　형용한 것으로 풀었다.

游龍井滯雨漫成三首 其二

珊珊奇樹亂棲鴉, 龍窟遊鱗嬉淺沙.
繚繞靑莎315)浮幾點, 憑流怪石似靈槎.

용정을 유람하다가 비에 묶여 멋대로 지어 3수, 제2수

영롱하고 기이한 나무에 마구 까마귀 날아들고
용궁을 노닐던 물고기는 얕은 백사장에서 장난치네
푸른 사초 몇 줄기 떠서 이리저리 빙빙 돌며
괴석 사이로 흐르니 마치 신령스런 뗏목 같다네

315) 靑莎(청사) : 사초과에 속한 여러해살이 풀.

游龍井滯雨漫成三首　其三

細草輕烟小徑斜, 半空寒雨洗亭花.
山廚不作伊蒲饌316), 拾得松丸自煮茶.

용정을 유람하다가 비에 묶여 멋대로 지어 3수, 제3수

가녀린 풀, 옅은 안개, 오솔길은 굽어있고
하늘에서 찬비 내려 정자 곁 꽃을 씻어주네
산속 부엌에서 소찬을 지어 주지 않아
솔방울 주워 스스로 차를 끓이네

【해제】 용정으로 유람을 나섰다가 비 때문에 바로 돌아오지 못하고 머물며 쓴 시이다. 연작시 3수로 되어있으며 발상과 표현이 참신하고 감각적이다. 제 1수의 1, 2구는 빗줄기가 내리치고 있는 상황을 묘사했고 3, 4구에서는 시간이 약간 경과하여 이제 비는 오지 않고 빗 기운만 남아있는 상태이다. 제 2수는 때 아닌 폭우로 주변 경치가 급변한 것을 신선한 시각으로 묘사했다. 거센 비에 사초가 떠다니는 모습을 신령한 뗏목으로 표현하였다. 제 3수는 비에 씻겨 청신한 주변 모습과 한가로이 차를 끓여 마시는 상황을 노래했다.

316) 伊蒲饌(이포찬) : 소식(素食, 소박한 음식). 젯밥.

寄孟四娘二首 其一

吳雲楚水兩悠悠, 日暮懷人江上秋.
千疊關山³¹⁷⁾萬行樹, 依依柳色武昌樓³¹⁸⁾.

맹사낭에게 부쳐 2수, 제1수

오나라의 구름과 초나라의 강물은 모두 유유히 흘러가는데
해 저물녘 가을 강 위에서 그대를 그리네
천 겹 관산에 만 줄로 늘어선 나무들
무창의 누대에는 버들 빛 아련하겠지요!

317) 關山(관산) : 중원에서 서쪽으로 갈 때 반드시 거쳐야 하는 요로. 농산(隴山)이라고
　　　도 하며 감숙성 천수시(天水市)에 위치. 이밖에 일반적인 관문과 산악, 혹은 고향
　　　이라는 뜻도 있다. 여기서는 일반적인 의미의 관문과 산악으로 보았다.
318) 武昌樓(무창루) : 호북성 동부 악주(鄂州)의 서산(西山)에 있는 누각.

寄孟四娘二首 其二

碧天淸遠月如鉤, 遙憶春閨319)霄漢320)浮.
寂寂寶欄閑十二, 白雲深處鎖江流.

맹사낭에게 부쳐 2수, 제2수

맑고 아스라한 푸른 하늘에 달은 갈고리처럼 휘고
멀리 그대를 추억하니 은하수 저편에 있네
쓸쓸하고 아름다운 난간은 한가롭게 열두 굽이
흰 구름 깊은 곳에 강물도 멈춰있네

【해제】 2수의 연작시로 지인인 맹사낭을 그리워하는 감정을 담았다. 제 1수는
짧은 절구에서 보여주는 공간감이 뛰어나다. 제 1구는 오(吳)와 초(楚)라는 지역
을 통해 자신이 있는 지점을 나타내는 한편 상대방이 있는 공간을 거론하여 드넓
은 공간을 확보했다. 제 3구에서 관산은 맹사낭과 시인 사이를 막고 있는 자연지
물의 의미로 사용되었다. 제 4구의 무창은 현재 맹사낭이 있는 곳으로 보인다.
제 2수는 푸른 하늘에 걸린 달을 바라보며 그리워하는 심정을 담았다. 마지막
구절에 보이는 '멈춰선 강물'은 마치 그리움으로 막힌 시인의 감정을 대변하는
듯하다.

319) 春閨(춘규) : 여인의 규방.
320) 霄漢(소한) : 은하수. 하늘. 높고 아득하다. 경성 부근, 제왕의 좌우. 높은 직위.

壽申太夫人³²¹⁾二首 其一

九影³²²⁾花芳阿母³²³⁾前，瑤池³²⁴⁾一熟景三千.
傳聞結實遺姬滿，分得餘甘列壽筵³²⁵⁾.

신태부인의 생신을 축하하며 2수, 제1수

구영화가 서왕모 앞에 피었으니
요지에서 한번 익으려면 삼천년이 걸린다네
열매 맺어 서왕모에게 가득하다고 전해 듣고
그 남은 과일 얻어다가 잔치에 바치네

---

321) 太夫人(태부인) : 관리의 어머니. 한대에는 제후의 모친.
322) 九影(구영) : 서왕모가 반도(蟠桃)보다 더 진귀하게 여겼다는 황중리(黃中李)를 가
리킨다. 당나라 풍지(馮贄)의 《운선잡기·서왕모가 반도보다 아낀 황중리(雲仙雜記·
王母惜黃中李過蟠桃)》에 따르면 "서왕모가 용월성(龍月城)에 사는데, 성중에서 황
중리가 산출된다. 꽃이 피면 삼영(三影)이라 하고 열매를 맺으면 구영(九影)이라 한
다. 꽃과 열매의 위에 모두 '황중'이라는 두 글자기 있으므로 황중리라 한다(西王
母居龍月城, 城中産黃中李. 花開則三影, 結實則九影. 花實上皆有'黃中'二字, 故名)."
323) 阿母(아모) : 서왕모.
324) 瑤池(요지) : 전설에 나오는 곤륜산에 있다는 연못으로 서왕모의 거처.
325) 壽筵(수연) : 생신 축하 잔치.

壽申太夫人二首 其二

八瑯326)仙韻五雲間, 紫閣327)觴傳328)舞綵斑.
綠野堂開凝碧麗, 太平元老宴東山.

신태부인의 생신을 축하하며 2수, 제2수

악기의 신령스런 소리 오색구름 사이에 울려 퍼지고
신선처럼 술 권하고 비단옷의 무희가 춤을 춘다
푸른 벌판에 집을 지어 서기와 좋은 풍광이 어리고
태평한 시절 원로께서는 동산에서 잔치 벌이네

【해제】 이 시에 나오는 아모(阿母)는 서왕모이다. 제 1수에서는 서원의 지인인 신태부인의 생신을 경축하며 장수를 빌기 위하여 서왕모에게서 과일을 얻어와 바친다고 말하였다. 또한 제 2수에서는 화려하고 성대한 연회를 묘사하여 신태부인의 생신을 축하하였다.

326) 八瑯(팔랑) : 옥으로 장식한 고대의 타악기의 하나인 오(墩).
327) 紫閣(자각) : 선인이나 은자의 거처. 황궁.
328) 觴傳(상전) : 차례대로 술을 권하다.

春日四弟招飮, 舟過虎丘, 同諸母329)席上, 偶成感懷
似安鄕330)娘子四絶 其一

雨微風細漾輕流, 載酒尋芳郊外遊.
花草吳宮渾一夢, 白公堤331)畔木蘭舟332).

봄날, 넷째 동생이 술 마시자 불러서 배를 타고 호구산을 지나
다가, 여러 어른과 함께 한 자리에서 우연히 읊었는데 안향낭
자의 작품과 같았다. 절구 4수. 제1수

가랑비, 산들 바람, 출렁이는 물 경쾌히 흘러가는데
술 싣고 꽃을 찾아 교외를 유람한다
화초 피어난 오나라 궁전은 꿈결처럼 아련하고
백거이 쌓은 제방 가에 목란 배를 띄운다

---

329) 諸母(제모) : 서모(庶母). 부친과 연배가 비슷한 여자. 백모나 숙모.
330) 安鄕(안향) : 호남성 상덕시(常德市) 동정호의 북방에 있는 도시. 제목의 안향낭자
　　　는 누구인지 알 수 없다.
331) 白公堤(백공제) : 당대의 시인 백거이가 항주자사를 역임할 때 쌓았다는 소주 호구
　　　산 아래에 있었던 제방. 현재 서호를 외호(外湖)와 이호(裏湖)로 구분하는 제방은
　　　백제(白堤)라 한다.
332) 木蘭舟(목란주) : 목란(木蘭, 즉 목련)으로 만든 나무. 배의 미칭.

春日四弟招飮 舟過虎丘 同諸母席上 偶成感懷 似安
鄕娘子四絶 其二

淸溪小築雨中樓, 目送春帆帶雨流.
自古貞娘333)冷香骨334), 殘英飛盡故宮秋.

봄날, 넷째 동생이 술 마시자 불러서 배를 타고 호구산을 지나
다가, 여러 어른과 함께 한 자리에서 우연히 읊었는데 안향낭
자의 작품과 같았다. 절구 4수. 제 2수

맑은 계곡의 작은 집 빗속의 누각에서
비 맞으며 떠가는 봄 배를 눈으로 전송하네
그 옛날 정낭의 차가운 주검
시든 꽃잎 다 떨어져 날리는 고궁의 가을

333) 貞娘(정낭) : 당나라의 기녀. 안사의 난이 일어나자 북방에서 소주로 흘러들어와
    억지로 기원에 들어갔으나, 강제로 수청을 들게 되자 목을 매어 자결하였다.
334) 香骨(향골) : 미인의 시골(尸骨).

春日四弟招飲　舟過虎丘　同諸母席上　偶成感懷似安
鄕娘子四絶　其三

說法生公335)石點頭, 飜經香雨黯荒丘.
池中劍336)躍龍文337)吼, 靜夜林空山鬼愁.

봄날, 넷째 동생이 술 마시자 불러서 배를 타고 호구산을 지나
다가, 여러 어른과 함께 한 자리에서 우연히 읊었는데 안향낭
자의 작품과 같았다. 절구 4수. 제3수

생공이 설법하면 돌들이 고개를 끄덕이고
경 읽으면 향기로운 비 뿌려 황량한 언덕이 어둑해졌네
검지의 칼이 튀어 올라 용문검이 울부짖고
고요한 밤 숲이 텅 비어 산 귀신이 근심하네

335) 生公(생공) : 진(晉)나라 말기의 고승 축도생(竺道生)에 대한 존칭으로, 소주 호구사
　　에서 세워 놓은 돌을 제자로 삼아 《열반경》을 설명하였으며, 미묘한 곳에 이르
　　면 돌들이 머리를 끄덕였다고 한다.
336) 池中劍(지중검) : 검지(劍池). 호구산(虎丘山)에 있는 오왕 합려(闔閭)의 무덤이라는
　　연못으로, 3천여 자루의 검을 부장했다고 한다.
337) 龍文(용문) : 검의 이름.

春日四弟招飮　舟過虎丘　同諸母席上　偶成感懷似安鄕娘子四絶　其四

琵琶聲咽鳥聲柔, 日暮孤蓬何處投.
莫怨絃歌引凄惻, 幾將往事付東流.

봄날, 넷째 동생이 술 마시자 불러서 배를 타고 호구산을 지나다가, 여러 어른과 함께 한 자리에서 우연히 읊었는데 안향낭자의 작품과 같았다. 절구 4수. 제4수

흐느끼는 비파소리, 부드러운 새 소리
황혼녘 외로운 쑥대 같은 몸은 어디에 묵을까?
비파 소리가 슬픔을 불러온다고 원망하지 말지니
몇 번이나 지난 일 동으로 흐르는 물에 띄워 보냈나?

【해제】 이 시는 배를 타고 오나라의 유적지 호구를 유람하며 지은 것으로 연작시 4수로 되어있다. 여러 사람들과 어울려 시를 지으면서 처음에는 단순히 쾌적한 유람의 정서에 빠져 있었던 듯하다. 제 2수에서는 '시든 꽃잎 다 떨어져 가는 고궁의 가을'이라 말하여 어느덧 역사의 무상감을 느끼게 됨을 말하였다. 제 3수에서는 '검지'와 '산 귀신'을 언급하여 더욱 을씨년스러운 분위기를 표현하였다. 제 4수에서는 흐르는 시간의 무게를 견디지 못하여 스스로를 '외로운 쑥대 같은 몸'으로 표현하였다. 부유한 집안의 안주인으로 살면서 화려한 시를 주로 썼으나, 이런 시를 통해서 볼 때 그녀도 어느 정도 화려한 시대가 막을 내리고 있음을 느끼고 있었던 것으로 생각된다.

送溫老親338)母夫人339)北上五首 其一

楊子340)風多水國涼, 征帆一夜掛吳霜.
白蘋花散煙羅冷, 嫋嫋341)雲波342)引棹長.

북으로 가는 연로한 온씨 모친을 전송하며 5수, 제1수

양자도에 바람 거세어 수국이 서늘한데
밤 새 흘러가는 배에 오 땅의 서리가 걸려있네
흰 마름꽃 흩어지고 비단 같은 안개 서늘한데
흐르는 구름은 오래도록 노를 끌어가네

338) 老親(노친) : 연로한 부모. 모친.
339) 母夫人(모부인) : 타인의 모친에 대한 존칭.
340) 楊子(양자) : 양자도(楊子渡). 고대의 나루로 지금의 강소성 한강(邗江) 남쪽에 있었
     으며, 장강의 북쪽 기슭이었다.
341) 嫋嫋(요뇨) : 하늘거리며 아름답다. 휘날리다.
342) 雲波(운파) : 구름 같은 물결. 흘러가는 구름.

送溫老親母夫人北上五首 其二

聞道離亭343)柳帶黃, 關山玉笛滿河梁344).
灞陵345)咫尺天涯客, 無限秋心寄蕙纕346).

북으로 가는 연로한 온씨 모친을 전송하며 5수, 제2수

이별의 정자에 버들개지 돋았다고 들었는데
관산의 옥피리 소리는 이별의 다리 위에 가득하네
파릉이 지척인데 천리 밖을 떠도는 나그네
한없는 근심을 향초 주머니에 기탁한다네

343) 離亭(이정) : 역참에 설치하여 여행자가 휴식하던 장소. 고대에 이곳에서 주로 이
별을 했다고 함.
344) 河梁(하량) : 다리. 송별의 장소.
345) 灞陵(파릉) : 한나라 문제의 능으로 서안시 동쪽 백록원(白鹿原)의 동북 파하(灞河)
근처에 있다.
346) 蕙纕(혜양) : 향초로 만든 패식으로, 이를 묶어 충성스럽고 정직하다는 것을 표시
하였다.

送溫老親母夫人北上五首 其三

宣麻347)十道348)出明光, 綵鷁349)雙飛入帝鄉350).
夾路笙歌擁翠幰351), 笑看千騎列東方.

북으로 가는 연로한 온씨 모친을 전송하며 5수, 제3수

천하에 임명장이 반포되어 밝은 빛이 피어나고
익조 그려진 배를 타고 경성으로 들어간다
길가 음악 소리는 화려한 수레를 호위하는데
동방에 늘어선 수많은 기병들 웃으며 바라보네

347) 宣麻(선마) : 당송시기에 재상과 장군을 임명할 때 백색의 마지(麻紙)에 조서를 써
　　서 공포하였으므로, 재상이나 장군에 임명된다는 의미로 사용됨.
348) 十道(십도) : 당나라 정관원년(貞觀元年, 627)에 설치한 10개의 도.
349) 綵鷁(채익) : 뱃머리에 물새인 익조를 그리고 채색하였으므로, 배를 지칭.
350) 帝鄉(제향) : 전설의 천제가 거주하는 곳. 경성. 여기서는 북경.
351) 翠幰(취헌) : 비취새의 깃털로 장식한 수레 휘장.

送溫老親母夫人北上五首 其四

香案352)披書侍玉皇353), 綠窓354)仙吏畫眉郎.
嚴程355)早副爲霖望, 漫向鄰姑道吉祥.

북으로 가는 연로한 온씨 모친을 전송하며 5수, 제4수

향안에 책 펼쳐 놓은 채 옥황상제 모시고
녹창가의 선인은 눈썹 그려주는 낭군
촉박한 일정에 조만간 장마가 들려는데
이웃 아낙 향해 느긋하게 상서로운 말을 전하네

352) 香案(향안) : 향로를 놓는 탁자, 향상(香床)이라고도 한다.
353) 玉皇(옥황) : 옥황상제.
354) 綠窓(녹창) : 가난한 집의 여인. 규방.
355) 嚴程(엄정) : 기한이 촉박한 여정.

送溫老親母夫人北上五首 其五

秋空莎色冷橫塘356), 陌上雲車357)碾七香358).
此去鳳池359)煙霧裡, 朱霞掩映360)紫薇廊361).

북으로 가는 연로한 온씨 모친을 전송하며 5수, 제5수

가을 하늘 푸르고 횡당은 싸늘한데
거리의 화려한 수레는 온갖 향을 풍긴다
여기서 안개 속의 봉황지로 가게 되면
붉은 노을이 자미원을 감싸 빛나리라!

【해제】 북으로 가는 온씨 모친을 전송하는 시로 5수의 연작시로 되어있다. 제 1수는 차가운 서리가 내리는 시절 떠나가는 모습을 표현했고, 제 2수는 멀리 헤어지게 된 지인에게 보내는 한없는 근심과 변치 않는 충직한 마음을 표현했다. 제 3수는 멀리 가는 지인을 호송하는 사람들의 모습을 그렸고, 제 4수는 온씨 모친의 아들과 부군의 앞으로의 모습을 기원하였다. 제 5수는 온씨가 돌아갈 수도의 모습을 화려하게 표현하여 가는 길의 노고를 위로해주고자 하였다.

356) 橫塘(횡당) : 소주의 저명한 제방.
357) 雲車(운거) : 화려한 수레. 선인이 타는 수레. 전시에 적의 정세를 살피는 누거(樓車).
358) 七香(칠향) : 일곱 가지 향. 침향(沈香), 단향(檀香), 송향(松香), 유향(乳香), 정향(丁香), 목향(木香), 곽향(藿香).
359) 鳳池(봉지) : 즉 봉황지. 궁중의 연못.
360) 掩映(엄영) : 서로 어우러져 돋보이게 하다.
361) 紫薇廊(자미랑) : 자미원(紫微垣), 제왕의 궁정.

班婕妤362)

露井363)秋桐落葉初，上陽宮364)女賜羅襦.
長門365)盡日葳蕤366)下，寂寂蒼苔步廣儲367).

반첩여

우물가 오동잎 처음 떨어지는 가을
상양궁 궁녀에게 비단 옷을 하사하네
장문궁엔 온종일 자물쇠 잠겨있는데
이끼 푸르고 넓은 궁을 쓸쓸히 거닌다네

【해제】 반첩여는 한나라 성제(成帝)의 총애를 받아 첩여가 되었으나, 훗날 조비연 (趙飛燕)이 총애를 받게 되자 스스로 장신궁(長信宮)에 들어가 살기를 청했던 인물이다. 황제의 총애가 식은 것을 슬퍼하며 가을이 되어 버려진 부채에 자신의 신세를 비유한 〈원가행(怨歌行)〉을 남긴 것으로 유명하다.

이 시는 총애를 잃은 뒤의 쓸쓸한 반첩여의 모습을 객관적으로 묘사하였다. 처음 두 구절은 상양궁의 궁녀를 언급하며, 버려진 궁녀에게 베풀어지는 일말의 은혜를 담담한 어조로 보여주고 있다. 날씨가 차가와지니 상양궁의 궁녀에게도 비단 옷이 하사되는 은총이 베풀어진다.

그러나 그렇다고 해서 이 궁녀에게 새로운 기회가 생기는 것은 아니다. 묵묵히 알아주는 이 없는 시간을 그저 견딜 뿐이다. 서원이 이러한 시를 쓴 의도는 비록

---

362) 班婕妤(반첩여, B.C. 48 - A.D. 2) : 서한의 여류문학가로 한나라 성제(成帝)의 비가 되었다. <원가행(怨歌行)>으로 유명하다.
363) 露井(노정) : 덮개가 없는 우물.
364) 上陽宮(상양궁) : 당 고종(高宗, 재위 650-683) 시절에 낙양에 세운 궁전.
365) 長門(장문) : 한나라의 궁전으로 진황후(陳皇后)가 총애를 잃고 이곳에서 지냈다. 사실 반첩여가 총애를 잃고 지냈던 곳은 장신궁(長信宮)이지만, 이 시에서는 더 잘 알려진 장문궁을 시어로 선택하였다.
366) 葳蕤(위유) : 자물쇠를 지칭.
367) 廣儲(광저) : 광활하다.

직접적인 것은 아니지만, 여성의 지위란 그저 주어진 것을 받아들여야 할 뿐 어떤 것도 선택할 수 없었음을 은연중에 보여주고 있는 것으로 해석된다.

서원의 생애와 시세계

1. 서원의 생애

명나라 말기의 여성 시인 서원(徐媛, 1560-1619)은 시(詩), 사(詞), 곡(曲)을 비롯하여 문장에까지 두루 능했다. 시는 육경자(陸卿子)와 자주 작품을 주고받아 당시 오문이대가(吳門二大家)로 이름이 났다. 그녀의 산곡(散曲) 작품 중 대표작인 〈감회추서(感懷追逝)〉는 명청시대 여성 산곡가의 작품 가운데 새로운 지평을 연 작품으로 높이 평가 받고 있기도 하다. 서원의 생애는 크게 세 단계로 나누어 볼 수 있다.

첫 번째 단계는 시인으로서의 소양을 닦아나가던 시기이다. 서원은 당시 소주(蘇州)지역 명망가의 규수로 부모의 보살핌을 받고 풍족한 생활을 했다. 현재 소주의 문화재로 지정된 유원(留園)이 서씨 집안의 동원(東園)이었다. 기록에 따르면 서원은 어려서 천성이 총명했지만 몸이 허약하여 아버지는 그녀가 과로하면 건강을 해칠까봐 그녀에게 글과 글씨를 가르치지 않으려 했다고 한다. 나이가 조금 들어 글을 배우기 시작했으나, 병으로 곧 학업에 열중하지는 못했다고 한다. 그녀가 시인으로서의 잠재된 소질을 키워나갈 수 있었던 것은 1574년 범윤림(范允臨, 1558-1641)과 결혼하면서였다. 남편은 부인의 재능을 인정했으며 당시 이들의 결혼은 많은 사람들이 흠모하는 동반자적 관계의 결합으로 일컬어졌다.

두 번째 단계는 범윤림이 진사에 급제한 이후의 시기이다. 만력(萬曆) 23년(1595) 범윤림이 진사에 급제한 이후 서원은 홀로 집에 머물렀으며, 남편의 지지 하에 학문에 매진하며 특별히 시 창작에 힘썼다. 『시경(詩經)』과 『초사(楚辭)』로부터 아래로는 당대(唐代)의 시에 이르기까지 두루 공부하였으며, 마음속으로 당나라 말기 요절한 천재시인 이하(李賀)를 동경했다고 한다. 그녀는 또한 좋은 어머니, 아내로서의 역할에도 충실했다. 〈훈자(訓子)〉라는 글은 후대에 자녀교육을 위한 뛰어난 문장으로 각종 문집에 실렸다. 그녀는 여러 친척들에 대해 항상 현명한 부인의 어투로 훈계하고 이끌어주었으며 예의를 지켰다. 또한 남편과 이별할 때 많은 증별시를 썼는데, 이 시들에서 관직 때문에 먼 타향에 가 있는 남편에 대한 그리움을 표현했다. 남편 이외에도 그녀는 여러 친척, 지인들과 왕래하며 시를 서로 주고받았다. 그 가운데 육경자(陸卿子)와는 가장 가깝게 지냈으며 대량의 증답시가 남아있다. 육경자의 시 구절 "그대와는 스무 살부터 이름을 알아왔는데(與君二十卽知名) 〈범부인과 이별하며(別范夫人)〉"라는 표현으로 보아 두 사람은 젊은 시절에 알게 되어 이후 지속적으로 작품을 주고받았음을 알 수 있다.

그녀는 남편을 따라 소주 이외의 지역을 여행하거나 거주하게 되어 생활 경험이 풍부했으며, 이에 따라 시야가 넓어져 규방에만 갇혀 있던 여인들과 달리 더욱 풍부한 시적 소재와 창작의 영감을 얻게 되었다. 사촌동생 동사장(董斯張, 1587-1628)도 시집 『낙위음』의 서문인 〈서씨 누님 범부인의 시집 서문(徐姊范夫人詩序)〉에서 "우리 누님 범부인께서는 남편을 따라 사방을 주유하여 석성(石城, 지금의 남경)과 무음[(蕪陰, 지금의 안휘성 무호(蕪湖)]에까지 가셨다. 한밤중에 옛날을 애도하는 작품을 썼는데, 매서운 바람이 눈을 찔러도 목도한 경물을 시로 읊어 풍성하게 명작을 지었다. 그 후에 만 리 떨어진 운남 지역까지 갔으며 장강을 거슬러 사천과 귀주 일대까지 지나게 되었다(吾姊范夫人, 隨其夫子, 宦游四垂, 而石城而蕪陰, 弔古中宵, 酸風射眸, 觸景成咏, 鬱爲名作.　其後萬里入滇, 溯大江而道黔巫.)라고 찬탄한 바 있다.

서원이 운남까지 가게 된 것은 만력 31년(1603) 범윤림이 운남안찰첨사(雲南安察僉事)가 되어 남편을 따라 가게 된 것이다. 강남땅에서 운남으로 가는 험난한 길과 고된 여정은 서원의 창작 영감을 자극시켰다. 〈용담역을 지나며 짓다(過龍潭驛口號)〉, 〈귀양으로 가는 도중(貴陽道中)〉, 〈곡양루에 이르러 우연히 짓다(至曲陽樓偶成二首)〉 등이 이 시기 작품으로 보인다. 또한 그녀는 운남에서 소수민족과의 전쟁을 목도하게 되었는데, 이를 통해 시의 제재도 넓어졌으며 규방시인의 한계를 넘는 활달한 기개를 시에 품게 되었다.

서원 생애에서 마지막 단계는 49세 이후의 시기이다. 서원은 49세 되던 해인 만력 36년(1608년), 남의 비방 때문에 관직에서 물러난 남편 범윤림과 함께 고향에 돌아간다. 부부는 은거하여 천평산장을 짓고 살며 산수전원의 즐거움을 만끽하였다. 낙향한 뒤의 범윤림은 소주지역 문화계의 핵심인물로 명사들과 많은 교류를 하였다. 서원의 사촌 동생인 서열(徐冽)은 서원의 오랜 시 벗인 육경자(陸卿子)의 시집 『고반집(考槃集)』을 읽고 그 감상을 육경자의 남편 조환광(趙宧光, 1559-1625)에게 써 보낸 〈고반집을 읽고 조환광 어른께 드림(讀考槃集贈趙凡夫)〉이라는 제목의 시를 지은 바 있다. 이러한 상황을 볼 때 이 두 집안은 당시 여성 시인으로 이름이 높았던 서원과 육경자를 중심으로 좀 더 폭넓은 교류를 했음을 알 수 있다.

당시 소주 지역의 문사들은 범윤림의 천평산장에 모여 경관을 감상하는 한편, 예인(藝人)의 노래와 연극을 관람하고 술을 마시며 시를 짓는 일이 많았다. 천평산의 여주인으로서 서원 역시 그들과 교류하면서 법도에 매이지 않는 자유로운 분위기에 많은 영향을 받았을 것으로 보인다.

범윤림은 만력 41년(1613) 겨울, 그녀의 시문집을 위해 일종의 서문격인 〈낙위음소인(絡緯吟小引)〉을 썼다. 따라서 1613년 이전에 서원의 시문집이 이미 편집되었음을 알 수 있다. 서원은 만력 47년(1619년) 2월 병사하였다. 현존하는 범윤림의 문집 『수요관집(輸寥館集)』에 실린 작품을 통해서도 어느 정도 아내 서원의 존재를 확인할 수 있다.

2. 시세계

서원의 시는 여성시인에게 자주 보이는 무기력함, 기다림과 같은 정
서들이 두드러지지 않는다. 그녀는 때로는 서툰 언어로 자신이 발견한
사물의 비밀을 드러내고 있으며, 때로는 어디에도 구속되지 않는 자유
로움이나 성별마저 망각한 듯한 파격적인 언어를 사용하고 있어 독자
로 하여금 전통시기 여성에 대한 편견을 깨도록 만든다. 즉 명대에 비
록 소수이지만 여성으로서 이미 어느 정도 남성과 대등한 관계에서 사
고하고 발언하는 것이 가능했다는 사실을 우리는 그녀의 시에서 발견
하게 된다.

본서의 역주 대상인 칠언절구를 언급하기 이전에 『낙위음(絡緯吟)』
의 전체의 구성과 시의 전반적인 특징에 대해 먼저 살펴보면 다음과
같다.

권수	작품 종류	작품 총수
1	부(賦), 초사(楚辭), 사언시(四言詩)	부 2편, 초사 4편, 사언시 2수
2	오언고시(五言古詩)	16수
3	칠언고시(七言古詩)	47수
4	오언율시(五言律詩)	53수
5	오언배율(五言排律)	13수
6	칠언율시(七言律詩)	31수
7	오언절구(五言絶句)	40수
8	칠언절구(七言絶句)	285수
9	시여(詩餘)	4수
10	사여(詞餘)	40수
11	서(序) · 전(傳) · 송(頌) · 뢰(誄) · 도사(悼詞) · 축문(祝文) · 제문(祭文)	서 1편 · 전 1편 · 송 7편 · 뢰 1편 · 도사 1편 · 축문 1편 · 제문 2편
12	척독(尺牘)	10편

서원의 시에서 가장 두드러진 첫 번째 특색은 우선 여성 지인 및 친
척들과 활발한 교류가 있었다는 점이다. 그 중에서도 대표적 인물은
그녀와 비슷한 시기에 많은 시를 지었던 육경자(陸卿子)를 들 수 있
다. 서원은 소주 명망가의 딸로서 결혼 이후에도 친정의 남동생을 비

롯한 친정 쪽의 인사들과 시를 통해 지속적으로 관계를 유지했다. 이 밖에 남편을 통해 알게 된 기녀들도 상당수 발견할 수 있다. 이러한 인물들과 시를 주고받은 데서 서원이 매우 자유롭고 파격적이었음을 알 수 있다.

두 번째 특색은 시의 표면이 매우 화려하고 감각적인데 비해, 정작 그녀의 심리 상태를 알 수 있는 직접적인 표현을 자제하고 있다는 점이다. 이 때문에 시를 읽으면 장편과 단편을 막론하고 마치 연극을 보는 듯한 느낌을 받게 된다. 이는 아마도 그녀가 시 이외에 산곡에도 성취가 있었고 희곡을 좋아했던 남편의 영향으로 집안에서 늘 이를 접할 수 있어 자연스럽게 시에 연극적 요소가 가미된 것으로도 볼 수 있다. 그러나 한편으로 필자는 이것이 이제 막 수면위로 떠오른 여성 문인들이 남성 위주의 창작 공간에서 자신의 목소리를 내게 될 때 직면할 수밖에 없었던 일종의 곤경을 보여주는 것이라 생각한다. 일찍이 Dorothy Ko(高彦頤)는 서원 시의 특성을 "여성의 덕행을 제창하는 한편, 한계를 넘어 기녀와 어울렸던, 양극단을 오가는 모순의 긴장"이라고 표현했다.368) 외형적으로 자유로웠지만 한편으로 그녀는 여성이라는 성별이 당시 문화에서 남성에게 종속적일 수밖에 없음을 분명히 인식하고 있었다. 게다가 동시대 여성들 가운데 많은 사람들이 글을 쓰면서도 이것이 밖으로 알려질까 두려워하여 책의 이름을 '마땅히 불태워버렸어야 하나 아직 태우지 못한 원고'라는 의미에서 '미분고(未焚稿)'라고 짓는 경우가 많았다. 이러한 사정을 아마도 서원은 충분히 인식하고 있었던 듯하다. 따라서 우리가 오직 그녀의 거칠 것 없는 표현과 활달한 기상, 고금을 아우르는 역사감과 공간적 스케일만 보고, 내면에 여성으로서 가질 수밖에 없었던 우수와 번민이 없었다고 간주해서는 안 될 것이다.

다음으로 본서의 역주 대상인 칠언절구에 나타나는 형식과 내용상 특징에 대해 언급하면 다음과 같다.

---

368) Dorothy Ko, 『Teachers of the Inner Chambers-Women and Culture in Seventeenth-Century China』
Stanford University Press, 1994.

첫째, 다양한 각도에서 외형적 아름다움을 추구하였다. 서원의 칠언절구에서 가장 먼저 발견하게 되는 것은 수사적인 표현기교에서 아름다움을 추구한 점이다. 명말이라는 시대는 양명학(陽明學)에서 보여주듯이 전통의 인습에 매이지 않고 자유롭게 아름다움을 향유할 것을 추구했다. 시에서 그녀는 화려한 놀잇배와 대보름 밤을 밝히는 등불은 물론 연회에 참석한 기녀들의 미모에 대해서도 아낌없이 찬탄했다. 이러한 연장선상에서 친척과 벗에게 주는 글에도 항상 '아름다운'이라는 수식어가 따라다녔다.

둘째, 사물을 보는 감각적이고 신선한 태도와 시적 상상력에 주목할 만하다. 서원은 새로 피어난 꽃을 찬탄함은 물론, 때로는 빗길에 떠다니는 수초 더미를 보고 신화적 상상력을 발휘하여 은하수에 닿았다던 전설속의 뗏목이 아닌가 의심하였고, 혹은 봄날 푸른 수면 위에 새로 돋은 연잎들을 보며 지난밤 놀잇배에서 아가씨들이 흘린 머리 장식이 아닌가 상상하기도 했다. 이러한 자유로운 상상에는 여성 시인 특유의 근심과 한숨, 금기의 위반에 대한 걱정과 자기부정 등의 요소가 보이지 않아 지금의 독자들이 읽어도 신선하고 친근감을 느끼게 된다.

셋째, 당시 여성으로서는 보기 드문 뛰어난 공간 감각이다. 명대 말기 상업과 출판이 활성화된 소주의 교육받은 여성으로서 서원은 당시 사대부들의 다양한 취미 생활에 동참할 수 있었다. 희곡 공연의 관람, 뱃놀이, 대보름의 등불 축제 등에 참여하면서 평소에 자주 바깥 공간을 체험할 수 있었으며, 무엇보다도 남편을 따라 멀리 운남까지 갔던 경험은 그녀의 공간감각을 극대화시키게 되었다. 광활한 변방의 풍광을 바라보면서 시를 통해 과거의 역사에 대한 회고 속에서 오늘의 의미를 질문하였으며, 끊임없는 이동 중에 시를 창작함으로써 집 안에서 떠난 이를 기다리는 전통적 여인이 아닌, '길 위의 여인'이라는 낯설고도 친근한 이미지를 창출할 수 있었다.

넷째, 특정 여성을 제재로 하되 거기서 멈추지 않고 보편적인 여성, 혹은 여성성으로 인식을 확장시켰다. 집안 대소사와 지역의 축제에 참여하고 남편을 따라 멀리 운남까지 갔던 경험은 단순한 공간감각을 넘어서 여성으로서 자신을 돌아보게 만들었다. 많은 시들이 표피적이고 감각적인 아름다움을 묘사하는데 그치고 있어 진솔한 자신의 내면을 보여주는 예가 많지는 않지만 반첩여(班婕妤), 손부인(孫夫人), 왕소군(王昭君) 등을 시에서 다루면서 그들로부터 여성성을 읽어내고 있어, 일반 남성 문인들과는 다른 시각을 보여주고 있다. 이를 통해 우리는 서원이 단순한 습작 시인이 아니었고 진지하게 자신과 세계에 대해 고민했던 시인이었음을 알 수 있다.

마지막으로 서원의 칠언절구를 풍격 면에서 분석해보면 가장 두드러지는 특성은 기려(綺麗), 기환(奇幻), 호방(豪放)이라는 세 가지로 요약된다.

기려한 풍격은 첫째로 백(白)·청(靑)·홍(紅) 등의 색채를 직접 표현한 점, 둘째로 나아가 강렬한 색채를 지닌 이미지를 적극 활용한 점, 셋째로 청각적 효과를 추구한 점, 넷째로 미인의 용모와 자태를 직접 묘사한 점에서 찾아볼 수 있다.

한편 기환한 풍격은 첫째로 신화 전설에서 기이한 이미지를 운용하였고, 둘째로 상상으로 밖에 도달할 수 없는 공간을 창조하였으며, 셋째로 역사상의 여성인물에 대해 일반 남성 시인과는 다른 관점을 보여준 점에서 이루어졌다고 생각된다.

마지막으로 호방한 풍격은 첫째로 기려(羈旅)와 변새(邊塞)를 제재로 하는 시를 대량으로 창작하였고, 둘째로 호협(豪俠)한 기개를 지닌 여성들을 묘사하였으며, 셋째로 남성 시인들의 전유물이었던 고향 떠난 나그네의 시를 다수 지었던 점, 넷째로 광대하고 요원한 공간을 묘사하고 그 속에 호방한 흉금을 담았던 데서 만들어진 것으로 보인다.

明代女性作家叢書❺徐媛詩選 二

서원시선 2

지은이 ‖ 서원
옮긴이 ‖ 김의정 최일의
펴낸이 ‖ 이충렬
펴낸곳 ‖ 사람들

초판인쇄 2013. 11. 10 ‖ 초판발행 2013. 11. 15 ‖ 출판등록 제395-2006-00063 ‖ 주소 경기도 고양시 덕양구 화정동 902-5 찬우물빌딩 303호 ‖ 대표전화 031. 969. 5120 ‖ 팩시밀리 031. 969. 5305 ‖ e-mail. minbook2000@hanmail.net

ISBN 978-89-963888-7-6 93820